APRENDA RÁPIDO: VOCABULARIO Y ORTOGRAFÍA/ VOCABULARY AND SPELLING

APRENDA RÁPIDO: VOCABULARIO Y ORTOGRAFÍA/ VOCABULARY AND SPELLING

LEARNINGEXPRESS®

NEW YORK

Library of Congress Cataloging-in-Publication Data:

Aprenda rapido. Vocabulario y ortografía / Vocabulary and spelling.—1st ed.

    p. cm.

  ISBN: 978-1-57685-656-7

   1. English language—Textbooks for foreign speakers—Spanish.   2. English language—Orthography and spelling.   I. Title: Vocabulario y ortografía.   II. Title: Vocabulary and spelling.

PE1129.S8A648 2008

428.2'461—dc22

                                                 2008029373

Printed in the United States of America

9 8 7 6 5 4 3 2 1

First Edition

For more information or to place an order, contact LearningExpress at:

  2 Rector Street

  26th Floor

  New York, NY 10006

Or visit us at:

  www.learnatest.com

Contenido ▶

CONTENIDO

Cómo usar este libro ▶

PALABRAS, PALABRAS, PALABRAS! Rodeándonos cada día. Mediante signos y sonidos, captan nuestros sentidos cuando leemos, escuchamos y conversamos diariamente. Por lo general, nosotros no pensamos mucho acerca de las palabras que usamos para expresar nuestros pensamientos y sentimientos. Ellas son gran parte de nuestra manera de vivir. Sin embargo, no es hasta que las buscamos—al hablar o tratar de recordar cómo se deletrean—que, de manera excepcional, nos damos cuenta de su ausencia.

También estamos conscientes de las palabras cuando nos preparamos para exámenes—por ejemplo, los que administran el Servicio Civil, las escuelas y academias, ya que en dichas pruebas generalmente se incluyen secciones dedicadas a vocabulario y ortografía.

▶ ¿Por qué evaluar el vocabulario?

Usamos nuestro vocabulario—palabras que sabemos y el uso que les asignamos—para revelar lo que sabemos del mundo. Hay muchas personas que aproximan la manera en que pensamos por medio del vocabulario que usamos. Así pues, una persona con amplio vocabulario se presenta como una persona de conocimiento avanzado de expresión personal. Por eso, los diseñadores de pruebas pretenden evaluar la manera en que las personas han absorbido la lengua de su cultura y la manera en que se expresan sobre la base de lo que hacen con las palabras.

▶ ¿Cómo puede evaluar nuestra ortografía un examen estandarizado?

Muchos de nosotros creemos que deberíamos haber dejado atrás la ortografía en la escuela primaria, en esos viernes de examenes de ortografía. Quizás te moleste tener que lidiar con este asunto otra vez. Pero una parte de su importancia es que la escritura de la lengua inglesa es verdaderamente difícil. Nuestra lengua es visualmente confusa y muchas veces irregular. Sus reglas se aprenden de memoria y contienen miles de excepciones. Por desgracia, las evaluaciones regularmente incluyen ortografía porque, nos guste o no, la gente siempre se juzga por la manera en que se expresa.

▶ ¿Cómo se debe usar este libro para mejorar el vocabulario y la ortografía?

Este libro está diseñado para estudiantes adultos que se están preparando para tomar un examen o para mejorar las habilidades en estas áreas para aplicarlas con otros propósitos. Este libro está diseñado como una guía que les permite a los adultos trabajadores que mejoren estudiando solamente unos 20 minutos al día.

Para obtener beneficios máximos de este libro, recomendamos lo siguiente:

- **Aprópiate de este libro,** es decir, consúmelo, escribe, explóralo y vívelo. Esperamos que dejes las huellas digitales en sus páginas—todas las páginas. (Pero claro, si este libro está destinado para ser usado por otros, como lo es un ejemplar de biblioteca, no deberás escribir en él y tendrás que usar un cuaderno de apuntes.)

- **Compra un marcador.** Úsalo para contestar las páginas de ejercicio y para resaltar visualmente las partes claves del texto.

- **Adquiere un paquete de fichas rayadas.** Resume lo más importante de cada lección y escríbelo en las tarjetas. Llévalas contigo para estudiar cuando vayas al trabajo, estés esperando tu turno para algo, durante tu comida, cuando tengas unos minutos de repuesto, o cuando en tu trabajo no haya mucho que hacer. Emplea ese tiempo para estudiar.

- **Comparte con otros.** Alista a un amigo o a un familiar para ser tu "colega de estudio" durante el mes en que estés trabajando con el libro. Al completar cada lección, emplea otros minutos trabajando con tu colega. Así pues, al compartir tus estudios con alguien estarás sorprendido de todo lo que recordarás.

- **Mantén una lista de palabras claves** que se encuentran en el mundo real: en el trabajo, en la televisión o en casa. Añade a ellas las palabras que aprendas en esta lección. De esta manera doblarás el beneficio—combinarás los ejercicios del libro y la vida diaria.

Las diez primeras lecciones de este libro se enfocan en el vocabulario. Las demás se centran en la ortografía y el significado de la conjunción de varias palabras. Para empezar, completa la autoevaluación de vocabulario de la página siguiente. Después haz otra evaluación, la "pre-evaluación," la cual te dará una idea de qué clase de palabras parecen más difíciles para ti.

▶ Autoevaluación de vocabulario

Tenemos esencialmente tres maneras de usar el vocabulario:

- Un vocabulario para hablar: compuesto de palabras y expresiones que usamos al comunicarnos diariamente.
- Un vocabulario para escuchar: integrado de palabras y expresiones que hemos escuchado, aunque quizas nunca hayamos usado.
- Un vocabulario para leer: formado de palabras y expresiones que hemos encontrado impresas, pero que quizás tampoco hayamos escuchado ni usado.

Una de las mejores maneras de incrementar tu vocabulario es hacer un esfuerzo consciente para incorporar palabras que has oído o leído en el vocabulario que usas al hablar, incluso aquéllas que todavía no entiendas. Para determinar cómo ya utilizas los tres vocabularios, mira la autoevaluación siguiente.

Autoevaluación

De las oraciones siguientes, selecciona y marca las que describan tus hábitos en cuanto al vocabulario.

_____ **1.** Cuando hablo me siento seguro de expresarme claramente.

_____ **2.** Hay ocasiones en que me siento incómodo porque cuando sé lo que quiero decir, no encuentro la palabra correcta.

_____ **3.** Me encuentro con palabras escritas que desconozco y me pregunto qué significan.

_____ **4.** A veces me encuentro con palabras escritas que desconozco y siento que debería conocerlas.

_____ **5.** Recuerdo palabras que se me presentaron en concursos, pruebas y evaluaciones en la escuela.

_____ **6.** Si escribo palabras nuevas, las puedo aprender.

_____ **7.** Si me encuentro con palabras desconocidas, las busco en el diccionario.

_____ **8.** Si me encuentro con palabras desconocidas, le pregunto a alguien que me diga su significado.

_____ **9.** Si oigo una palabra desconocida en una conversación o en la televisión, le pregunto a alguien que me diga su significado.

_____ **10.** Si me encuentro con palabras desconocidas, generalmente me siento apenado de preguntar qué significan.

Tus respuestas a estas opciones deben darte una idea tanto de cómo te sientes al usar tu vocabulario como de la aplicación que le das.

Existen tres maneras de aprender vocabulario:

- Por medio de los sonidos de las palabras
- Por medio de la estructura de las palabras
- Por medio del contexto en que se encuentra una palabra y de la aplicación que se le da

Para aprender y recordar palabras, podemos aplicar un proceso que consiste en tres pasos:

1. Pregúntate a ti mismo: ¿He escuchado antes esta palabra? Si no, pregúntate:

2. ¿Me es familiar alguna parte de esta palabra? Si no, pregúntate:

3. ¿Cómo se emplea esta palabra en la oración que he leído o escuchado?

Cada lección de este libro presenta una lista de palabras para que las uses en este proceso. Primero, puedes ver si reconoces las palabras por su sonido o su escritura. Después, para ayudarte a adivinar su significado, obtendrás las palabras en el contexto de una oración o algún párrafo. De esta manera te darás cuenta de que ya sabes algunas palabras. Muchas más las aprenderás a través de cada lección.

APRENDA RÁPIDO: VOCABULARIO Y ORTOGRAFÍA/ VOCABULARY AND SPELLING

Prueba de evaluación ▶

ANTES DE EMPEZAR a estudiar el vocabulario y la ortografía, tal vez quisieras determinar cuánto ya sabes y cuánto más necesitas aprender. En este caso, toma el examen de "pre-evaluación" en este capítulo.

La pre-evaluación consiste en 50 preguntas de opción múltiple: 25 palabras de vocabulario y 25 palabras para deletrear (que encontrarás más adelante en este libro). Naturalmente, están incluidas en la evaluación. Si en la pre-evaluación hay palabras que tú no sabes, no te desesperes.

Así pues, esta pre-evaluación es sólo para llegar a una idea de cuánto ya sabes. Si tu resultado es excelente, podrás consagrar menos tiempo del que originalmente pensabas emplear. Pero si tu resultado es más bajo de lo que esperabas, quizás necesites más de 20 minutos diarios para completar los ejercicios y aprender las palabras de cada capítulo.

En la página siguiente hay una hoja de respuestas para contestar la pre-evaluación. (Si el libro no te pertenece, en una hoja en blanco marca los números del 1 al 50 y marca tus respuestas allí.) Emplea todo el tiempo necesario para esta evaluación corta. Cuando finalices la prueba, compara tus respuestas con las del libro. Te dirá en qué lección se puede encontrar cada palabra que desees estudiar.

1.	ⓐ	ⓑ	ⓒ	ⓓ		21.	ⓐ	ⓑ	ⓒ	ⓓ		41.	ⓐ	ⓑ	ⓒ	ⓓ
2.	ⓐ	ⓑ	ⓒ	ⓓ		22.	ⓐ	ⓑ	ⓒ	ⓓ		42.	ⓐ	ⓑ	ⓒ	ⓓ
3.	ⓐ	ⓑ	ⓒ	ⓓ		23.	ⓐ	ⓑ	ⓒ	ⓓ		43.	ⓐ	ⓑ	ⓒ	ⓓ
4.	ⓐ	ⓑ	ⓒ	ⓓ		24.	ⓐ	ⓑ	ⓒ	ⓓ		44.	ⓐ	ⓑ	ⓒ	ⓓ
5.	ⓐ	ⓑ	ⓒ	ⓓ		25.	ⓐ	ⓑ	ⓒ	ⓓ		45.	ⓐ	ⓑ	ⓒ	ⓓ
6.	ⓐ	ⓑ	ⓒ	ⓓ		26.	ⓐ	ⓑ	ⓒ	ⓓ		46.	ⓐ	ⓑ	ⓒ	ⓓ
7.	ⓐ	ⓑ	ⓒ	ⓓ		27.	ⓐ	ⓑ	ⓒ	ⓓ		47.	ⓐ	ⓑ	ⓒ	ⓓ
8.	ⓐ	ⓑ	ⓒ	ⓓ		28.	ⓐ	ⓑ	ⓒ	ⓓ		48.	ⓐ	ⓑ	ⓒ	ⓓ
9.	ⓐ	ⓑ	ⓒ	ⓓ		29.	ⓐ	ⓑ	ⓒ	ⓓ		49.	ⓐ	ⓑ	ⓒ	ⓓ
10.	ⓐ	ⓑ	ⓒ	ⓓ		30.	ⓐ	ⓑ	ⓒ	ⓓ		50.	ⓐ	ⓑ	ⓒ	ⓓ
11.	ⓐ	ⓑ	ⓒ	ⓓ		31.	ⓐ	ⓑ	ⓒ	ⓓ						
12.	ⓐ	ⓑ	ⓒ	ⓓ		32.	ⓐ	ⓑ	ⓒ	ⓓ						
13.	ⓐ	ⓑ	ⓒ	ⓓ		33.	ⓐ	ⓑ	ⓒ	ⓓ						
14.	ⓐ	ⓑ	ⓒ	ⓓ		34.	ⓐ	ⓑ	ⓒ	ⓓ						
15.	ⓐ	ⓑ	ⓒ	ⓓ		35.	ⓐ	ⓑ	ⓒ	ⓓ						
16.	ⓐ	ⓑ	ⓒ	ⓓ		36.	ⓐ	ⓑ	ⓒ	ⓓ						
17.	ⓐ	ⓑ	ⓒ	ⓓ		37.	ⓐ	ⓑ	ⓒ	ⓓ						
18.	ⓐ	ⓑ	ⓒ	ⓓ		38.	ⓐ	ⓑ	ⓒ	ⓓ						
19.	ⓐ	ⓑ	ⓒ	ⓓ		39.	ⓐ	ⓑ	ⓒ	ⓓ						
20.	ⓐ	ⓑ	ⓒ	ⓓ		40.	ⓐ	ⓑ	ⓒ	ⓓ						

▶ Parte 1: Vocabulario

Selecciona la palabra más apropiada para cada oración y escríbela sobre la línea marcada.

1. During the long, boring days of summer, Mary is overcome by a sense of _____.
   a. catastrophe
   b. bedlam
   c. ennui
   d. utopia

2. The campers agreed to _____ in the forest at midnight.
   a. rendezvous
   b. deposition
   c. filibuster
   d. rectify

3. The best way to avoid _____ is to provide educational opportunities to inmates.
   a. secession
   b. recidivism
   c. litigation
   d. prosecution

4. The _____ president differs from the past president on the issue of welfare reform.
   a. loquacious
   b. consummate
   c. ersatz
   d. incumbent

5. The _____ data supports the belief that there has been an increase in population.
   a. nominal
   b. demographic
   c. pragmatic
   d. nocturnal

Selecciona la palabra que tenga el mismo, o casi el mismo, significado que la palabra subrayada en cada oración.

6. Jerry liked to <u>antagonize</u> his classmates by answering the most difficult questions.
   a. impress
   b. sympathize with
   c. irritate
   d. condescend to

7. Anna went <u>incognito</u> to the dance.
   a. in disguise
   b. without a date
   c. formally dressed
   d. casually dressed

8. Upon being introduced, the <u>urbane</u> gentleman actually bowed to the hostess.
   a. foreign
   b. handsome
   c. tricky
   d. sophisticated

9. If I were more <u>gregarious</u>, my dinner parties would flow more smoothly.
   a. thoughtful
   b. sociable
   c. beautiful
   d. opinionated

10. The sister tried to <u>circumvent</u> the issue by pointing out her brother's many failings.
    a. get above
    b. intensify
    c. bring into the open
    d. go around

Selecciona la palabra que signifique lo contrario (antónimo) de las palabras enunciadas a continuación:

11. malevolent
   a. feminine
   b. kind
   c. nonviolent
   d. lucky

12. furtive
   a. hardworking
   b. lazy
   c. open
   d. periodic

13. dilettante
   a. expert
   b. leader
   c. backup singer
   d. mistress of ceremonies

Selecciona la palabra que signifique casi lo mismo (sinónimo) de las palabras enunciadas a continuación:

14. caveat
   a. peace offering
   b. appetizer
   c. warning
   d. excuse

15. parity
   a. equality
   b. mimicry
   c. style of belief
   d. current trend

16. pundit
   a. private joke
   b. expert
   c. diplomat
   d. folk dance

17. narcissistic
   a. having an addictive personality
   b. having a narcotic effect
   c. self-absorbed
   d. witty

18. mesmerize
   a. reign over
   b. record in prose
   c. memorialize
   d. fascinate

19. prospectus
   a. published business plan
   b. the outlook from a mountain top
   c. opening speech
   d. professional playing field

20. fiscal
   a. official
   b. stated
   c. financial
   d. faithful

Selecciona las palabras que expresen y definan lo más cercano a las descripciones dadas a continuación:

21. the specialized vocabulary of an industry or interest group
   a. cybernetics
   b. propaganda
   c. oratory
   d. jargon

22. a small picture that identifies an application or file on a computer
a. icon
b. imprint
c. window
d. pictogram

23. devices connected to computers to allow additional functions
a. amalgams
b. peripherals
c. consortia
d. glossaries

24. one who commits a crime
a. gazetteer
b. instigator
c. perpetrator
d. tactician

25. barrier or hindrance
a. impediment
b. luminary
c. barrister
d. cartel

▶ Parte 2: Ortografía

Selecciona la palabra escrita correctamente.

26. a. percieve
b. achieve
c. reciept
d. hygeine

27. a. prevale
b. paysley
c. porcelin
d. nuisance

28. a. knarled
b. fraut
c. blight
d. alite

29. a. amusment
b. grievious
c. eroneous
d. desirable

30. a. potatos
b. vidios
c. pianos
d. tobaccoes

Selecciona la palabra escrita correctamente para cada una de las oraciones siguientes:

31. Spike was the most _____ dog you could ever wish for.
a. amicable
b. amiciable
c. amicabel
d. amikable

32. If you're going to borrow money from a bank, you're going to need _____.
a. colatural
b. colateral
c. collateral
d. colaterel

33. If the _____ epidemic is to be defeated, Congress must provide sufficient funding.
a. AIDs
b. aids
c. ADES
d. AIDS

34. The term denoting money paid to support a former partner in a non-marital relationship is "_____."
   a. pall-amony
   b. pallomony
   c. palamony
   d. palimony

35. Lorraine used her _____ to make the cutest video of her son Paul.
   a. kamkorder
   b. camcorder
   c. kamcorder
   d. camcordor

Selecciona la opción correcta en cada una de las oraciones siguientes:

36. Al and Jane each hired attorneys, and together, the _____ added up to over $10,000!
   a. lawyer's bills
   b. lawyers' bills'
   c. lawyers' bills
   d. lawyers bills

37. The county commissioners said _____ going to discuss the taxation issue at the meeting next week.
   a. they're
   b. there
   c. thei'r
   d. their

38. I wish the administration would make a _____ to hire only the best teachers.
   a. commentment
   b. commitment
   c. comitment
   d. comittment

39. Superman was nearly _____, but not quite.
   a. invincible
   b. invincable
   c. invensible
   d. invencibel

40. There are over a dozen markers from the Civil War period in that southern Kentucky _____.
   a. semetary
   b. cemetery
   c. cemetary
   d. semetery

Selecciona la palabra escrita correctamente:

41.
   a. kercheifs
   b. kerchieves
   c. kercheivs
   d. kerchiefs

42.
   a. gauranteing
   b. guaranteeing
   c. gauranteeing
   d. guaranting

43.
   a. indict
   b. indeight
   c. indite
   d. indight

44.
   a. boundery
   b. boundary
   c. boundry
   d. boundrie

45. a. surveylance
 b. surveillance
 c. surveilance
 d. surveliance

46. a. liesure
 b. leishur
 c. leeshur
 d. leisure

47. a. mathematics
 b. mathmatics
 c. mathmatiks
 d. mathamatics

48. a. dessent
 b. desent
 c. descent
 d. diccent

49. a. anoyanse
 b. annoyanse
 c. annoyance
 d. anoyance

50. a. curiculums
 b. curiculas
 c. curriculumns
 d. curricula

▶ Respuestas

Si fallaste en alguna respuesta, puedes encontrar la ayuda correspondiente en las lecciones que se indican al lado de cada respuesta.

Parte 1: Vocabulario

1. c. Lección 1
2. a. Lección 1
3. b. Lección 2
4. d. Lección 2
5. b. Lección 3
6. c. Lección 3
7. a. Lección 3
8. d. Lección 4
9. b. Lección 4
10. d. Lección 5
11. b. Lección 5
12. c. Lección 6
13. a. Lección 7
14. c. Lección 7
15. a. Lección 6
16. b. Lección 7
17. c. Lección 8
18. d. Lección 8
19. a. Lección 9
20. c. Lección 9
21. d. Lección 9
22. a. Lección 10
23. b. Lección 10
24. c. Lección 2
25. a. Lección 4

Parte 2: Ortografía

26. b. Lección 11
27. d. Lección 12
28. c. Lección 13
29. d. Lección 14
30. c. Lección 15
31. a. Lección 16
32. c. Lección 17
33. d. Lección 17
34. d. Lección 19
35. b. Lección 19
36. c. Lección 18
37. a. Lección 18
38. b. Lección 17
39. a. Lección 16
40. b. Lección 16
41. d. Lección 15
42. b. Lección 14
43. a. Lección 13
44. b. Lección 12
45. b. Lección 11
46. d. Lección 11
47. a. Lección 12
48. c. Lección 13
49. c. Lección 14
50. d. Lección 15

1 ▶ Escuchar y mirar las palabras

SUMARIO DE LA LECCIÓN

Esta lección te muestra cómo escuchar las palabras, cómo sondear o pronunciar palabras desconocidas y cómo pronunciar aquéllas que no suenan como están escritas.

TODOS APRENDEMOS A hablar al oír la habla de otra gente. Repetimos los sonidos que oímos y poco a poco asociamos su significado con el sonido que hacemos. Es por eso que el sonido puede facilitar el proceso de aprenderlas. Después, asistíendo a la escuela logramos aprenderlas gracias al uso de la fonética. La "fonética" se refiere al sistema de sonidos que hacemos al pronunciar las letras—y la correspondencia entre los dos.

Para aprender a leer y saber lo que significan ciertas palabras, es necesario aprender tanto el sonido de las letras en sí mismas como el sonido que forman al combinarse. Desafortunadamente, la lengua inglesa está llena de palabras cuyos sonídos no tienen nada que ver con cómo están escritas. Algunos ejemplos claros son: *Wednesday* (pronunciado *Wenzday*, no *Wed-nes-day*); business (pronunciado *bizness*, no *bus-i-ness*) and *said* (pronunciado *sed*, no *say-id*).

Pero hay varias estrategias para aprender las excepciones e irregularidades. No te preocupes.

Aquí están algunas:

1. Escucha cuidadosamente el sonido de las palabras que oigas.
2. Deletrea fonéticamente las palabras cuando busques sus significados.
3. Divide palabras en sílabas, para poder oír las partes de la palabra que contienen su significado.

Aprenderás los pasos 1 y 2 en esta lección y el paso 3 en la siguiente—pasos que en conjunto usarás a través del libro.

► Trabajar con la lista de palabras

De vista

Aquí hay una lista de palabras difíciles de expresar o pronunciar sólo por su fonética. Señala con una marca al lado de cada palabra, aquéllas que puedas identificar "de vista."

blasé	malign
bourgeois	naïve
catastrophe	passé
chaotic	potpourri
cliché	précis
debut	psyche
ennui	rendezvous
epitome	slough
feign	thorough
gauche	villain

Número de palabras que conoces de vista: _____

Por sonido

Si tú no reconoces una palabra "de vista," el paso siguiente es tratar de pronunciarla y leerla fonéticamente. Deletrear fonéticamente es pronunciar una palabra para revelar y saber su sonido: lo contrario de la manera general de deletrear o pronunciar una palabra. Muchos diccionarios escriben el deletreo fonético al lado de cada palabra.

Aquí hay algunos de los símbolos fonéticos más comunes que se usan en diccionarios para mostrar el sonido de las letras y de sus combinaciones.

■ La señal *schwa* (escrita como una *e* colocada de cabeza) que expresa una vocal neutra dice "*uh.*"
   Ejemplos
   Agent usa la señal schwa en la segunda sílaba: *a-gənt.*
   Canada también utiliza la señal schwa: *ca-nə-də.*

■ La designación de vocales cortas (pronunciación corta) y vocales largas: una línea sobre una letra indica una vocal larga (pronunciación prolongada) (ā, ē, ī, ō, ū); una curva sobre la letra indica una vocal corta (pronunciación breve) (ă, ĕ, ĭ, ŏ, ŭ).
   Ejemplos
   Las vocales largas "dicen sus propios nombres": ā*ble,* ē*agle,* ī*ce,* n*ō*te, f*ū*se.
   Las vocales cortas tienen otros sonidos: ă*pple,* ĕ*gg,* ĭ*gloo,* ŏ*ctopus,* ŭ*mbrella.*

La ortografía fonética no se basa en los mismos símbolos que el diccionario: es un sistema sencillo basado en tu conocimiento de palabras comunes. La acentuación de sílabas lleva letras mayúsculas. Señala con una marca las palabras que sabes de sonido.

blasé	*blah-ZAY*
bourgeois	*boor-ZHWAH*
catastrophe	*kat-AS-trə-fee*
chaotic	*kay-OT-ik*
cliché	*klee-SHAY*
debut	*day-BYOO*
ennui	*on-WEE*
epitome	*e-PIT-ə-mee*
feign	*FANE*
gauche	*GOESH*
malign	*mə-LINE*
naïve	*nah-EVE*
passé	*pass-AY*
potpourri	*po-poor-EE*
précis	*PRAY-see*
psyche	*SIGH-kee*
rendezvous	*RON-day-voo*
slough	*SLUF*
thorough	*THUR-oh*
villain	*VILL-ən*

Número de palabras que reconoces por sonido: _____

Por contexto

Excepto en el caso de listas de vocabulario, no se encuentran palabras en sí mismas. Están rodeadas de otras que le proporcionan su concepto. El contexto te da una indicación del significado de la palabra. Aquí se hace otra aportación a la lista de las palabras de hoy, esta vez con contexto escrito.

The past 20 years have seen the emergence of a dread new **villain** in the American **psyche**. The rise of the so-called "drug lords" has been seen as being responsible for the **catastrophes** of drug-addicted infants, battle-scarred neighborhoods, and spiraling crime rates. The traffic in dangerous drugs has spread a **malign** spirit over the childhood of inner-city children, whose lives are often compromised by **chaotic** home lives, broken families, and failing systems designed to protect them. Prompted by these outrages, citizens have called for a **thorough** review of statutes that enable the prosecution of distributors and sellers of illegal drugs and have encouraged long sentences for those who contribute to the spread of this terrible **plague** of drug addiction. We cannot **slough** off our responsibilities for curbing these agents of destruction, who represent the **epitome** of danger to our communities. We cannot afford to be **blasé** about this threat.

The rise of the middle class has made **bourgeois** values paramount in most of American society.

The **potpourri** filled the house with a spicy fragrance.

The young women made their society **debut** at the annual Holiday Ball.

Bell bottoms and love beads are **passé** as fashion trends today.

The late-afternoon heat suffocated the students and ushered in a sense of **ennui**.

The teenager felt **gauche** in the company of a more sophisticated crowd.

Despite her brave face, she could not **feign** any real pleasure at the outcome of the election.

The newly elected Congressman showed how politically **naïve** he was by heeding the advice of the wily senior senator.

The lovers planned a **rendezvous** away from the city and prying eyes.

The news writer came to rely on journalistic **clichés** that weakened the vivid language on which his reputation rested.

Ahora añade las palabras que sabes por su sentido y su contexto a las que conoces de vista y por su sonido.

Número de palabras que reconoces: _____

Este total deberá sugerirte que con más herramientas para decodificar una palabra, mejor oportunidad tendrás de descubrir su significado. Un ejemplo más concreto de esto lo encuentras tratando de hallar una casa particular en un vecindario nuevo. Si tienes un mapa de las calles, la descripción de la casa y una lista de puntos de referencia, tendrás una búsqueda mucho más fácil que si sólo tuvieras la dirección.

Definiciones

Abajo encontrarás el significado de las palabras de esta lección. ¿Cuántas identificas correctamente?

blasé: apparently uninterested
bourgeois: middle-class
catastrophe: violent upheaval or great misfortune
chaotic: in a state of confusion or uproar
cliché: an outworn or trite expression
debut: a first appearance in society or in a
	performance
ennui: boredom, feeling of fatigue
epitome: the highest or best example of something
feign: to pretend
gauche: awkward, immature, out of place

malign: (1) deliberately evil; (2) to speak evil of
	another
naïve: innocent, without guile
passé: outdated, old-fashioned
potpourri: a mixture, usually of exotic spices and
	other materials, that gives a pleasant scent
précis: a short summary of an essay or article
psyche: the foundation of the human mind
rendezvous: a prearranged meeting, often of a secret
	nature
slough: (1) to shed, as a skin; (2) to ignore
thorough: complete, rigorous
villain: an evildoer

▶ Práctica

Completa primero los dos ejercicios de abajo. Compara tus respuestas con la hoja de respuestas correctas que se encuentra al final de la lección. Si tu resultado es del 80 por ciento o mejor, ve adelante a la sección del Examen de Práctica. Pero si fue menor del 80 por ciento o tuviste dos respuestas incorrectas en cada ejercicio, completa el ejercicio 3 como práctica adicional.

Ejercicio 1

Identifica las palabras de la primera columna con las definiciones de la segunda columna.

_____ **1.** villain

_____ **2.** passé

_____ **3.** ennui

_____ **4.** gauche

_____ **5.** chaotic

_____ **6.** rendezvous

_____ **7.** debut

_____ **8.** psyche

_____ **9.** slough

_____ **10.** cliché

a. a secret meeting

b. a first appearance

c. an outworn expression

d. an evildoer

e. middle-class

f. awkward, out of place

g. to ignore

h. boredom, fatigue

i. in a state of great confusion

j. the human mind

k. old-fashioned

Resultado del ejercicio 1: _____

Ejercicio 2

Coloca la palabra correcta sobre la línea marcada en cada oración.

11. The candidate did everything he could to _____ his opponent and cast doubt on his character.

12. For the first assignment, the professor demanded that students write a _____ of a lengthy essay.

13. She pretended to be _____ about her upcoming performance, but secretly she was very excited.

14. Even when he was annoyed with someone, he would _____ happiness and a deep interest in what they said.

15. The new employee projected an air of confidence, but she was actually quite _____ compared with her colleagues.

16. He looked like the _____ of a college professor in his tweed jacket and horn-rimmed glasses.

17. Famine has brought _____ to a number of countries.

18. The committee's report was based on months of _____ research.

19. We tend to think of _____ values as being concerned with making money and aspiring to move up in the world.

20. The scent of _____ made the house smell like a garden in the midst of harsh winter weather.

Resultado del ejercicio 2: _____

Si tu resultado fue del 80 por ciento (ocho respuestas correctas) en ambos ejercicios, salta el ejercicio 3 y completa el Examen de Práctica. Pero si fue menor del 80 por ciento en cualquiera de los dos ejercicios, completa el ejercicio 3 como práctica adicional.

Ejercicio 3

Marca como cierto o falso las afirmaciones siguientes de acuerdo al significado de las palabras subrayadas.

_____21. A naïve person would be easily influenced by more knowledgeable people.

_____22. A feeling of ennui is a feeling of joy and well being.

_____23. A gauche person commands respect and admiration from those around him

_____24. A thorough cleaning would leave little to be finished up later.

_____25. A cliché is an expression you have probably heard before.

_____26. A précis gives just the outline or main ideas of a piece of writing.

_____27. The most up-to-date fashions would be considered passé.

_____28. The honest thing is always to slough off one's responsibilites.

_____29. Malign intentions lead to charity and cooperation.

_____30. Severe flooding in the Midwest would probably be a catastrophe for most farmers there.

Resultado del ejercicio 3: _____

Examen de práctica

Rodea con un círculo la respuesta que signifique lo *contrario* de las palabras a continuación.

31. passé
    a. adequate
    b. modern
    c. old-fashioned
    d. worn out

32. chaotic
    a. confused
    b. fast-moving
    c. cxcusable
    d. orderly

33. thorough
    a. minimal
    b. thoughtful
    c. expensive
    d. complete

34. ennui
    a. joy
    b. tiredness
    c. energy
    d. effort

35. villain
    a. hero
    b evildoer
    c. criminal
    d. soldier

36. gauche
    a. awkward
    b. silly
    c. sophisticated
    d. beautiful

37. feigned
   a. pretended
   b. was genuine
   c. was unconscious
   d. was surprised

38. malign
   a. poisonous
   b. speak ill of
   c. praise
   d. blame

39. naïve
   a. innocent
   b. religious
   c. wise
   d. careful

40. bourgeois
   a. professional
   b. middle-class
   c. criminal
   d. poor

▶ Ejercicio final

Escoge diez palabras que sean nuevas en tu vocabulario o que consideres importantes ahora. Entonces escribe cinco de ellas en oraciones.

_____

_____

_____

_____

_____

Escribe las otras cinco palabras y sus definiciónes en tarjetas de trabajo. Esto será el principio de tu lista de palabras para este libro. Repasa las tarjetas cuando tengas tiempo libre durante el día y trata de usar las palabras durante tus conversaciones y en tus escritos.

También puedes incluir en tus tarjetas cualquier palabra de interés con la que te encuentres leyendo periódicos, libros y revistas, o escuchando la radio, la televisión o una conversación personal.

Técnicas adquiridas

Abre tu diccionario a cualquier página. Usa la pronunciación fonética para pronunciar varias palabras. Mira tanto las palabras que sabes como las que no sabes. De esta manera, si continúas haciéndelo bastante, deberás empezar a notar algunas reglas de ortografía y pronunciación.

Selecciona unas palabras que sepas pronunciar y deletrear, y escríbelas fonéticamente; esto también te ayudará a notar algunas reglas de ortografía y pronunciación.

▶ Respuestas

Ejercicio 1	Ejercicio 2	Ejercicio 3	Examen de práctica
1. d	11. malign	21. true	31. b
2. k	12. précis	22. false	32. d
3. h	13. blasé	23. false	33. a
4. f	14. feign	24. true	34. b
5. i	15. naïve	25. true	35. a
6. a	16. epitome	26. true	36. c
7. b	17. catastrophe	27. false	37. b
8. j	18. thorough	28. false	38. c
9. g	19. bourgeois	29. false	39. c
10. c	20. potpourri	30. true	40. d

2 ▶ Dividir palabras para entenderlas

SUMARIO DE LA LECCIÓN

En esta lección, aprenderás a dividir palabras en sílabas para ayudarte a reconocer palabras que al principio parecían desconocidas.

CUANDO PRIMERO APRENDEMOS a leer, muchos lo hacemos por el sonido de las sílabas. Cada sílaba contiene el sonido de una vocal. Dicho sonido puede estar compuesto de más de una vocal. En la palabra *arraignment* (pronunciada *ar-rain-ment*), la *a* y la *i* juntas forman un sonido prolongado de *a*. (La *g* es muda.)

El dividir palabras en sílabas es una de las mejores estrategias para determinar si una palabra está en tu vocabulario. Esto también te ayuda a dividir y vencer palabras largas.

▶ Reglas para dividir palabras en sílabas

Aquí están un par de reglas rápidas para dividir palabras en sílabas:

1. Divide consonantes dobles: *ham-mock*.
2. Divide después de prefijos y antes de sufijos: *in-vest-ment*.

Si ya tienes alguna idea de cómo suena una palabra, la puedes dividir de acuerdo con las vocales:

3. Divide después de una vocal si tiene un sonido prolongado: *so-lar*.
4. Divide después de una consonante si el sonido de la vocal es breve: *pris-on*.

▶ Trabajando con la lista de palabras

De vista y de sonido

Aquí tienes algunas palabras que pueden ser pronunciadas en sílabas. Estas palabras se utilizan en la ley, los negocios y el gobierno. Dichas palabras mejorarán tu habilidad para entender temas de actualidad. Marca las palabras que conozcas de vista.

accessory	litigation
affidavit	negligence
amnesty	perpetrator
cartel	probate
currency	prosecution
deposition	recidivism
depreciation	referendum
filibuster	revenue
incumbent	secession
inventory	subsidy

Número de palabras que conoces de vista: _____

Ahora divide todas las palabras en sílabas usando la guía de abajo y marca las palabras que conozcas por su sonido.

Número de palabras que conoces por su sonido: _____

Por contexto

Ahora lee las palabras en su contexto. Determina cuántas palabras sabes por la manera en que se usan en las oraciones y párrafos; mira de nuevo tu lista de palabras y señala las que ahora reconoces.

Prosecutors were clearly concerned by the **recidivism** rate in the state prisons. They had many **affidavits** and **depositions** confirming that too many **perpetrators** of serious crimes were returning to the courts with second and third offenses. They urged the state to call a **referendum** to increase the **subsidy** to the prison system that would allow more **revenue** to support the costs of keeping criminals in jail. Many applauded these efforts to reduce the incidence of "turnstile justice."

The legislature passed the measure in spite of the long **filibuster** by the downstate lawmaker.

The state legislature refused to consider the **secession** of Staten Island from the City of New York.

The draft dodgers requested **amnesty** from prosecution if they reentered the country.

Incumbent legislators almost always have an advantage over their challengers in elections.

The will was sent to the courts for **probate**.

Our tax laws allow us to account for yearly **depreciation** of some property.

The merchant keeps track of his **inventory** on his computer.

The store was accused of **negligence** because it failed to remove all ice from the sidewalk. It was subsequently involved in lengthy and expensive **litigation**.

Though not involved directly, the man's wife was accused of being an **accessory** in the crime.

Cash **currency** allows for direct sale between two parties.

The oil **cartel** controls the market price of petroleum.

Ahora suma las palabras que reconoces por su contexto a las que identificaste de vista y por su sonido.

Número total de palabras que sabes: _____

Definiciones

Aquí están las palabras divididas en sílabas, y su significado:

accessory (*ak-SESS-uh-ree*): one who assists in the commission of a crime

affidavit (*af-fuh-DAY-vit*): a signed statement in a legal proceeding

amnesty (*AM-nes-tee*): general pardon by a government

cartel (*kar-TEL*): an international business association

currency (*KUR-ren-see*): money in circulation

deposition (*dep-uh-ZI-shun*): signed testimony by someone who will not or cannot appear in court

depreciation (*dee-pree-shee-AY-shun*): decline in value

filibuster (*FIL-uh-bus-ter*): a long speech designed to delay legislative action

incumbent (*in-CUM-bent*): currently serving in office

inventory (*IN-ven-to-ree*): goods currently in stock

litigation (*lit-i-GAY-shun*): lawsuits

negligence (*NEG-li-gence*): failure (usually, failure to protect)

perpetrator (*PER-pi-tray-ter*): one who commits a crime

probate (*PROH-bate*): certification of a will

prosecution (*pros-i-KYOO-shun*): the act of bringing an offender before the law

recidivism (*re-CID-uh-viz-um*—el "*ism*" se pronuncia como si hubiera otra vocal): repeated criminal behavior

referendum (*ref-uh-REN-dum*): a vote directly by the people

revenue (*REV-uh-noo*): income (often a government's income from taxes)

secession (*se-SESH-un*): a breaking away of one part of a government unit for the purpose of becoming politically independent

subsidy (*SUB-si-dee*): money given in support of a cause or industry

▶ Práctica

Completa los ejercicos de abajo. Compara tus respuestas con las que aparecen al final de la lección. Si tu resultado fue menor del 80 por ciento en cualquier ejercicio, completa el ejercico 3 para practicar más.

Ejercicio 1

Iguala las palabras de la primera columna con las de la segunda según su definición.

_____ **1.** amnesty

_____ **2.** currency

_____ **3.** probate

_____ **4.** referendum

_____ **5.** subsidy

_____ **6.** revenue

_____ **7.** perpetrator

_____ **8.** cartel

_____ **9.** depreciation

_____ **10.** affidavit

a. signed statement in court

b. income

c. international trade association

d. a national business alliance

e. decline in value

f. one who commits a crime

g. financial support

h. money in circulation

i. certification of a will

j. a general pardon

k. a vote by the people

Resultado del ejercicio 1: _____

Ejercicio 2

Utiliza las palabras de hoy para llenar los espacios blancos.

11. The work of lawyers deals with _____.

12. A failure to guard adequately against an accident is called _____.

13. In an election, the challenger opposes the _____.

14. When the same people repeatedly commit crimes, that's called _____.

15. A long speech meant to delay action on a bill in a legislative body is called a _____.

16. The breaking away of one part of a country or community is called _____.

17. A sworn statement by someone who will not be present in court is called a(n) _____.

18. The goods currently stocked by a business are called its _____.

19. One who assists in the commission of a crime is called a(n) _____.

20. In a court case, the defense faces the _____.

Resultado del ejercicio 2: _____

Ejercicio 3

Señala como cierto o falso las oraciones siguientes de acuerdo a las palabras subrayadas.

_____ **21.** People who receive <u>amnesty</u> are protected from prosecution.

_____ **22.** An <u>incumbent</u> president is a newcomer to the office.

_____ **23.** A sworn statement by someone who is unavailable to the court is an <u>affidavit</u>.

_____ **24.** A company's profits make up one portion of its total <u>revenue</u>.

_____ **25.** <u>Recidivism</u> is a set of rules that every criminal trial obeys.

_____ **26.** <u>Depreciation</u> refers to added value of property over a period of time.

_____ **27.** A legislator will <u>filibuster</u> in order to delay action on a bill.

_____ **28.** A <u>referendum</u> is a vote taken in Congress.

_____ **29.** A <u>perpetrator</u> is someone who commits the same crime repeatedly.

_____ **30.** <u>Currency</u> refers to newly printed money.

Resultado del ejercicio 3: _____

▶ Ejercicio final

Escoge diez palabras de la lista de hoy. Escribe cinco oraciones con ellas en el espacio de abajo. Escribe las otras en tarjetas de trabajo con su definición y añádelas a tu lista general de palabras.

_____

_____

_____

_____

_____

Técnicas adquiridas

Escoge una o dos oraciones de esta lección o de algún texto que hayas leído y divide las palabras en sílabas. Consulta el diccionario para verificar que lo hiciste correctamente.

Escoge un artículo de la página central del *New York Times* (o de otro periódico), identifica las palabras que te sean desconocidas y añádelas a tu lista de vocabulario. Antes de buscar su significado, divídelas fonéticamente. Después escríbelas en tus propias oraciones.

▶ Respuestas

Ejercicio 1	Ejercicio 2	Ejercicio 3
1. j	**11.** litigation	**21.** true
2. h	**12.** negligence	**22.** false
3. i	**13.** incumbent	**23.** false
4. k	**14.** recidivism	**24.** true
5. g	**15.** filibuster	**25.** false
6. b	**16.** secession	**26.** false
7. f	**17.** deposition	**27.** true
8. c	**18.** inventory	**28.** false
9. e	**19.** accessory	**29.** false
10. a	**20.** prosecution	**30.** false

3 ▶ Investigar las raíces de palabras

SUMARIO DE LA LECCIÓN

Esta lección te mostrará la manera de usar las raíces griegas y latinas para construir tu vocabulario y cómo usar la estructura de las palabras para ayudarte a reconocerlas.

L A PRIMERA OPORTUNIDAD que tienes para entender una palabra desconocida es al escuchar su sonido, como ya has aprendido en las lecciónes 1 y 2.

En algunos casos es posible emitir el sonido de una palabra y continuar sin entender qué significa. El próximo paso, entonces, es examinar la estructura de las palabras. ¿Suena o luce familiar el sonido o parte de ella? Quizás puedas conectar una parte de la palabra con otra palabra que ya conozcas.

Por ejemplo, piensa un momento en la palabra *misanthropic*. La pronuncias por sus sílabas—*mis-an-THROP-ik*—pero continúas sin reconocerla. La miras otra vez. Ves que una parte de la palabra contiene la raíz—*anthro*. Sabes que la raíz—*anthro*—aparece en la palabra *anthropology*—el estudio del ser humano. Es claro que *anthro* tiene algo que ver con el ser humano. Quizás tambien sepas que el prefijo *mis-* generalmente significa *not* o *the opposite of,* como en *misguided.* Sin haber leído la palabra en una oración, tienes la idea que *misanthropic* tiene algo que ver con *being against or opposed to persons or humanity.* Y tienes razón. Una persona *misanthropic* odia la sociedad y estar en compañía de otras personas.

Las partes de las palabras que contienen su significado directo se llaman sus *raíces*. Generalmente, las raíces de palabras en inglés provienen de antiguas palabras griegas y latinas. Puesto que muchas palabras en inglés tienen sus fuentes en ciertas raíces recurrentes, el saber las raíces más comunes te dará acceso a muchas palabras a la vez. Al combinar tus conocimientos de raíces—tema de estudio en ésta y la lección siguiente—con conocimientos de *affixes*, partes pequeñas que van al principio o al final de una palabra y que cambian su significado, tendrás la herramienta clave para averiguar el significado de muchas palabras. Más sobre los prefijos y los sufijos se revela en las lecciones 5 y 6.

▶ Trabajar con la lista de palabras

De vista y por sonido

Determina cuántas palabras de la lista siguiente sabes por su sonido o reconoces de vista. Quizás sepas la palabra de improviso, o puedas mirar las sílabas acentuadas en negritas en cada palabra para ver si te parece otra palabra que conozcas. Marca cada palabra que reconozcas o de que puedas imaginarte el significado basado en sus raíces.

antagonize	*an-TAG-uh-nize*
audible	*AW-di-bul*
belligerent	*bel-LIJ-er-ənt*
chronic	*KRON-ik*
demographic	*dem-uh-GRAF-ik*
fidelity	*fi-DEL-i-tee*
fluctuate	*FLUK-choo-ate*
genocide	*JEN-uh-side*
in**cog**nito	*in-cog-NEE-toe*
in**duc**ement	*in-DOOS-ment*
inter**rog**ate	*in-TERR-uh-gate*

loquacious	*low-KWAY-shus*
nominal	*NOM-i-nul*
pathos	*PAY-thus*
pro**tract**ed	*proh-TRAK-ted*
re**ject**ed	*ree-JEK-ted*
sophisticated	*suh-FIS-ti-kay-ted*
tenacious	*tuh-NAY-shus*
verify	*VAIR-uh-fie*
vivacious	*vi-VAY-shus*

Número de palabras que identificaste por sonido o de vista: _____

Si otra palabra que sabes comparte la raíz con alguna de éstas, escríbela al lado.

Por contexto

Ahora es importante conocer las palabras en su contexto. ¿Cuántas reconoces por el modo en que se usan?

One of the most **chronic** problems to face big-city politics is the problem of labor relations. Both labor and management tend to become **belligerent** and **antagonize** each other with threats of slowdowns, strikes, work rules, and other methods of **inducement** to get the other side to agree to their demands. Negotiations are often **protracted** and tend to wear down both sides so that they will **reject** efforts that could lead to lasting agreements between the two sides.

Prices may **fluctuate** wildly between one market and another.

The Serb government was accused of attempted **genocide** in its wholesale attacks on the Muslim minority in the 1990s.

Though she was normally **vivacious**, her grief made the woman oddly silent and self-contained, hardly her usual **loquacious** self.

The actor traveled **incognito** in order to maintain his privacy.

The school charged a **nominal** fee for the use of the gymnasium.

The office tried to **verify** her address so that she could receive her paycheck.

Her **fidelity** to the company was unquestioned despite having offers to go to a competing industry.

The reporter expressed great **pathos** in writing about the tragedy.

Her voice was **audible** from across the room.

Despite her **sophisticated** dress, she was a country girl at heart.

She was **tenacious** in her pursuit of the greatest talent for the show. She wouldn't take no for an answer.

The union **rejected** the offer for a settlement.

The police **interrogated** the prisoner for more than eight hours.

Número total de palabras que identificaste: _____

Definiciones y raíces

El valor de aprender las raíces es que actúan como llaves de acceso: te dan pistas acerca de las palabras que comparten las mismas raíces o el mismo linaje.

Abajo están las definiciones de las raíces de las 20 palabras de hoy, junto con algunas otras palabras que comparten la misma raíz. Usa estas palabras para hacer el ejercico de abajo y observa como está creciendo la familia de tus palabras.

antagonize (**agon** = *struggle, contest*): to struggle against
protagonist, agony, agonize

audible (**aud** = *hear*): able to be heard
audition, audit, auditorium

belligerent (**bell** = *war*): warlike
bellicose, antebellum

chronic (**chron** = *time*): occurring over time
chronological, chronometer, chronicle

demographic (**demo** = *people*): having to do with the measurement of populations
democracy, demagogue

fidelity (**fid** = *faith*): faithfulness
Fido, fiduciary, infidel, infidelity

fluctuate (**flux, flu** = *to flow*): to rise and fall
fluid, fluidity, superfluous, influx

genocide (**gen** = *race or kind*): the deliberate destruction of an entire group of people
gene, progenitor, progeny

incognito (**cog, gno** = *to know*): unrecognizable
diagnosis, recognize, cognition, cognitive

inducement (**duc** = *to lead*): that which leads to an action
induction, reduction, introduction, reduce

interrogate (**rog** = *to ask*): to question
surrogate, derogatory, arrogant

loquacious (**loq** = *speak*): talkative
eloquent, soliloquy

nominal (**nom, nym** = *name*): in name only
　　nominate, nomenclature, synonym, anonymous

pathos (**path** = *feeling*): feeling of sympathy or pity
　　pathetic, empathy, sympathy, pathology, apathy

protracted (**tract** = *draw, pull*): dragged out
　　tractor, distracted, attraction, subtracted

rejected (**ject** = *to throw or send*): sent back
　　subject, dejected, interjected, projectile

sophisticated (**soph** = *wisdom*): having style or
　　knowledge
　　sophomore, sophistry, philosopher

tenacious (**ten** = *hold*): unwilling to let go, stubborn
　　tenacity, contain, tenable

verify (**ver** = *truth*): to establish as truth
　　verity, veritable, veracious, aver

vivacious (**viv** = *life*): lively in manner
　　vivid, vital, vivisection

▶ Práctica

Completa el ejercicio 1 y 2 de abajo. Compara tus respuestas con las respuestas correctas ubicadas al final de la lección. Si tu resultado fue del 80 por ciento en ambos ejercicios, pasa inmediatamente al Examen de Práctica. Pero si fue menor del 80 por ciento, completa el ejercicio 3 de abajo.

Ejercicio 1

Asigna la definición correcta para la primera columna utilizando las palabras de la segunda columna.

_____ **1.** genocide	**a.** sent back
_____ **2.** audible	**b.** feeling of pity
_____ **3.** verify	**c.** destruction of a race
_____ **4.** tenacious	
	d. in disguise
_____ **5.** rejected	
	e. talkative
_____ **6.** fidelity	
	f. can be seen
_____ **7.** loquacious	
	g. can be heard
_____ **8.** antagonize	
	h. faithfulness
_____ **9.** incognito	
	i. holding fast
_____ **10.** pathos	
	j. struggle against
	k. show to be true

Resultado del ejercicio 1: _____

Ejercicio 2

Completa las oraciones de abajo con la lista de las palabras de hoy.

11. This _____ analysis could not possibly be the work of a first-year student.

12. Because he was anxious to rest on the long trip, he shied away from the _____ person in the next seat.

13. The government was eager to _____ the former hostages regarding their experiences.

14. His headaches had caused him _____ pain for many years.

15. The added salary was a(n) _____ to change jobs.

16. The sociologists studied _____ patterns to discover where people were moving in large numbers.

17. Their marriage was strictly _____; they didn't live together but married so the woman could stay in this country.

18. The small nation's economy would _____ according to international trends.

19. Her _____ manner made her a popular guest at parties.

20. His _____ illness kept him in bed for several months.

Resultado del ejercicio 2: _____

Ejercicio 3

Marca como falso o verdadero las afirmaciones siguientes de acuerdo al significado de las palabras subrayadas.

_____ 21. A lack of <u>fidelity</u> in a marriage could lead to divorce.

_____ 22. A <u>belligerent</u> person would probably be very beautiful.

_____ 23. Someone traveling <u>incognito</u> would be easily recognized.

_____ 24. The promotion was purely <u>nominal</u>; it entailed no change in responsibilities.

_____ 25. A <u>tenacious</u> person would pursue his goals persistently.

_____ 26. The songs at the rock concert were not <u>audible</u>.

_____ 27. <u>Chronic</u> behavior happens infrequently.

_____ 28. The <u>loquacious</u> man kept completely silent at the party.

_____ 29. <u>Genocide</u> targets only the oldest citizens for destruction.

_____ 30. It's rarely a good idea to <u>antagonize</u> your boss.

Resultado del ejercicio 3: _____

Examen de práctica

Marca con un círculo la respuesta que signifique lo mismo o casi lo mismo que las palabras subrayadas a continuación.

31. There was an <u>audible</u> sigh of relief when the rescuers brought the drowning man to the surface.
 a. incredible
 b. able to be heard
 c. worthy of praise
 d. able to be seen

32. The lawyer faced his <u>antagonist</u> in the courtroom with barely disguised contempt.
 a. opponent
 b. assistant
 c. client
 d. witness

33. Even when sedated with the strongest medicine, she remains <u>vivacious</u>.
 a. grave
 b. hostile
 c. joyous
 d. lively

34. He wanted to <u>verify</u> the ingredients before starting the recipe.
 a. confirm
 b. total
 c. analyze
 d. measure

35. The <u>loquacious</u> dinner guest dominated the conversation.
 a. drunken
 b. talkative
 c. silent
 d. greedy

36. The soap opera emphasized the <u>pathos</u>, rather than the humor, of family life.
 a. sentimental feeling
 b. turmoil
 c. activity
 d. horror

37. The <u>fluctuating</u> price of gas kept motorists guessing.
 a. changing
 b. inexpensive
 c. costly
 d. confusing

38. His <u>chronic</u> lateness was treated with humor by those who had known him for a long time.
 a. occasional
 b. constant
 c. unusual
 d. rare

39. He strikes everyone as very <u>sophisticated</u> for someone who has never left the state.
 a. hardworking
 b. worldly wise
 c. talented
 d. scholarly

40. He chose to show himself in public <u>incognito</u>, so he could avoid the attention of the press.
- **a.** in disguise
- **b.** in casual dress
- **c.** formally
- **d.** in person

▶ Ejercicio final

Escoge diez palabras de la lista de hoy. Escribe cinco oraciones con ellas en el espacio de abajo. Las otras cinco escríbelas en tarjetas de trabajo con su definición y agrégalas a tu lista general de palabras.

_____

_____

_____

_____

_____

Técnicas adquiridas

Usa rimas u otros métodos nemotécnicos para recordar las raíces de las palabras de hoy.

Después de las definiciones de las palabras de esta lección, hay una lista de palabras con las mismas raíces. Usa algunas de esas palabras (por ejemplo, *protagonista*, que tiene la misma raíz que la palabra *antagonista*). Primero trata de adivinar el significado de las palabras desconocidas. Después búscalas en el diccionario y úsalas en oraciones.

▶ Respuestas

Ejercicio 1	Ejercicio 2	Ejercicio 3	Examen de práctica
1. c	11. sophisticated	21. true	31. b
2. g	12. loquacious	22. false	32. a
3. k	13. interrogate	23. false	33. d
4. i	14. chronic	24. true	34. a
5. a	15. inducement	25. true	35. b
6. h	16. demographic	26. false	36. a
7. e	17. nominal	27. false	37. a
8. j	18. fluctuate	28. false	38. b
9. d	19. vivacious	29. false	39. b
10. b	20. protracted	30. true	40. a

4 ▶ Más raíces

SUMARIO DE LA LECCIÓN

Basado en lo que aprendiste en la lección 3 acerca de las raíces, esta lección te ayudará a aplicar dichos conocimientos para aprender nuevas palabras.

EN LA LECCIÓN 3, tú aprendiste que las raíces son elementos de las palabras que comparten características, de igual manera en que los seres humanos en las familias comparten nombres y atributos personales. Las palabras en inglés comparten muchas de estas características porque descienden de una línea larga de idiomas mezclados y combinados procedentes de las familias de idiomas indo-europeos. Muchas palabras en inglés provienen del griego y del latín, los cuales nos aportaron mucho de nuestra cultura a través del tiempo.

El uso de las raíces de palabras para incrementar tu vocabulario funciona de dos maneras:

- Quizás ya sepas una raíz específica que pueda guiarte para comprender el significado de una palabra desconocida. Por ejemplo, si sabes que la raíz *hydro* tiene que ver con el agua, y si encuentras la palabra *hydrotherapy*, te imaginaría que se refiere a un tratamiento que usa el agua.
- Si no sabes el significado de la raíz misma, es posible reconocerla por otra palabra que sí conoces. Por ejemplo, si sabes que un *fire hydrant* (hidrante de agua) almacena agua, cuando asocias la raíz *hydro* con *water* obtienes el significado de *hydrotherapy*.

▶ Trabajar con la lista de palabras

Por sonido y de vista

Aquí están más palabras basadas en raíces griegas y latinas. Determina cuántas reconoces, ya sea de vista o con la ayuda de la guía de pronunciación. Las raíces aparecen en letras negritas.

agora**phob**ic	*ag-or-uh-FOH-bik*
as**simil**ate	*uh-SIM-uh-late*
at**trib**ute	*AT-trib-yoot*
benevolent	*buh-NEV-uh-lent*
biodegradable	*by-oh-dee-GRADE-uh-bul*
con**spic**uous	*con-SPIK-yoo-us*
contra**dict**ion	*con-truh-DIK-shun*
credence	*CREE-dence*
evident	*EV-i-dent*
gregarious	*gre-GAIR-ee-us*
im**ped**iment	*im-PED-uh-ment*
in**cis**ive	*in-SY-siv*
in**fer**ence	*IN-fer-ence*
mediocre	*meed-ee-OH-kur*
philanthropy	*fi-LAN-thruh-pee*
pre**ced**ent	*PRESS-i-dent*
re**cap**itulate	*ree-ca-PITCH-yoo-late*
re**mit**tance	*ri-MIT-uns*
tangential	*tan-GEN-shul*
urbane	*ur-BANE*

Número de palabras que sabes por sonido y de vista:

____

Por contexto

Ahora determina cúantas palabras puedes añadir a tu lista de palabras conocidas cuando las encuentres en su contexto.

It is quite **evident** that we look to television for our awareness of current events. We are drawn to stories served up to us by attractive, **urbane** people whose sophistication gives **credence** to their remarks about a wide range of subjects, though much of television reporting is **mediocre** and offers little more than a mindless **recapitulation** of unimportant facts disguised as news. On occasion, however, reporters offer **incisive** and insightful accounts of world events that enhance our understanding of the events that shape our lives.

The professor was not pleased when the student **contradicted** him in class.

He was **conspicuous** as he drove up in his shiny new car.

She **inferred** from his letters that he was unhappy at school.

His **philanthropy** was well known as his name appeared in association with many charitable causes.

As she grew older, she became more **agoraphobic** and refused to leave her home.

The IRS demanded **remittance** of the past-due taxes.

His association was merely **tangential** to the larger political party.

His disability proved to be no **impediment** to his efficiency.

He was a **gregarious** person who loved being with people.

There was no **precedent** to guide the judge's action.

She had many of the **attributes** that he liked in a doctor.

He had failed to **assimilate** to campus life.

The **benevolent** old man gave generously to many worthy causes.

Please use dish detergent that is **biodegradable**.

Número total de palabras que sabes: _____

Mira en la lista de palabras de hoy los elementos de las palabras escritas en letras negritas. ¿Puedes pensar en otras palabras que contengan los mismos elementos? Al lado de cada palabra escribe, por lo menos, una palabra que consideres comparte los mismos elementos que cada palabra enunciada.

Definiciones y raíces

Aquí están las definiciones de las palabras y las raíces contenidas en las palabras siguientes junto con algunas palabras adicionales que comparten las mismas raíces.

agoraphobic (**phobe** = *fear*): fear of open spaces
  phobia, claustrophobia, xenophobia
assimilate (**simul** = *copy*): to fit in, to become alike
  similar, simile, facsimile, simulate
attribute (**trib** = *to give*): a distinctive quality
  tributary, contribution, tribunal
benevolent (**ben** = *good*): kind, giving
  benefactor, beneficiary, benign, benediction

biodegradable (**bio** = *life*): able to be broken down by living things
  bionic, biology, antibiotic
conspicuous (**spic, spec** = *see*): highly visible
  spectacle, spectator, inspection, introspection
contradiction (**contra** = *against*, **dict** = *say*): the act or state of disagreeing
  dictate, dictionary, interdict, dictation
credence (**cred** = *believe*): belief, believability
  creed, credulous, credit, incredible
evident (**vid** = *see*): obvious
  video, evidence, visible, provident
gregarious (**greg** = *crowd, herd*): sociable
  egregious
impediment (**ped, pod** = *foot*; **ped** also means *child*): a barrier or hindrance
  pedestal, pedestrian, pediment
incisive (**cis, cid** = *to cut*): penetrating, clear-cut
  incision, precise, scissors, homicide, suicide
inference (**fer** = *bear* or *carry*): guess or conclusion
  transfer, refer, reference, interfere
mediocre (**med** = *middle*): of medium quality; neither good nor bad
  media, median, intermediate, mediator
philanthropy (**phil** = *love*): giving generously to worthy causes
  philosophy, Philadelphia, bibliophile
precedent (**ced** = *go*): a prior ruling or experience
  intercede, procedure, succeed
recapitulate (**cap** = *head*): to review in detail
  capital, caption, captain, decapitate
remittance (**mit, mis** = *to send*): to pay or send back
  submit, commission, permission, intermission
tangential (**tang, tac, tig** = *touch*): related only slightly
  tangent, tactical, tactile, contiguous
urbane (**urb** = *city*): polished, sophisticated
  urban, suburban, urbanite

► Práctica

Como antes, haz el ejercicio 1 y 2 de abajo. Compara tus respuestas con las respuestas correctas ubicadas al final de la lección. Si tu resultado fue del 80 por ciento en ambos ejercicios, ve inmediatamente al ejercicio adicional. Pero si fue menor del 80 por ciento, haz el ejercicio 3 de abajo.

Ejercicio 1

Asigna la definición correcta para la primera columna utilizando las palabras de la segunda columna.

____	1. credence	**a.**	obvious
____	2. inference	**b.**	afraid of cats
____	3. mediocre	**c.**	hindrance
____	4. gregarious	**d.**	kindly
____	5. urbane	**e.**	of medium quality
____	6. agoraphobic	**f.**	guess
____	7. evident	**g.**	afraid of open spaces
____	8. impediment	**h.**	sociable
____	9. benevolent	**i.**	believability
____	10. conspicuous	**j.**	sophisticated
		k.	standing out visually

Resultado del ejercicio 1: _____

Ejercicio 2

Completa las oraciones de abajo con la lista de las palabras de hoy.

11. His remarks were _____ and cut right to the heart of the subject.

12. The senator must have changed his mind, because those last statements were _____ of what he originally said.

13. His _____ arose from his deep desire to help those less fortunate than himself.

14. The store demanded the _____ of the payment required to clear the debt.

15. One of her best _____ is her clear-eyed wisdom.

16. Many people believe that immigrants should _____ completely into American society.

17. Public works projects in the 1930s set a _____ for social legislation for the next 60 years.

18. After the game, the commentators continued to _____ the key plays for those who had been unable to watch it.

19. She believed that her working life was merely _____ to the "real life" she enjoyed with her family.

20. That container on the ground is bad for the environment; it's not _____.

Resultado del ejercicio 2: _____

Ejercicio 3

Responde a las preguntas siguientes utilizando la lista de las palabras de hoy.

21. Which word stems from a root that means *good*?
_____

22. Which word stems from a root than can mean *foot* or *child*? _____

23. Which word stems from a root that means to *cut* or *kill*? _____

24. Which word stems from a root that means to *bear* or *carry*? _____

25. Which word stems from a root that means a *fear*? _____

26. Which word stems from a root that means *love*?
_____

27. Which word stems from a root that suggests *touching*? _____

28. Which word stems from a root that means *belief*? _____

29. Which word stems from a root that suggests *speaking*? _____

30. Which word stems from a root that suggests *life*?
_____

Resultado del ejercicio 3: _____

Ejercicio adicional

Tú puedes reconocer muchas palabras derivadas solamente de una raíz. Completa el párrafo de abajo escribiendo todas las palabras que puedas, derivadas de la misma raíz.

The root word **cred** means belief. We can see, then, that one's belief system is his **(31)** _____. When a storekeeper believes we will pay the bill, she offers us **(32)** _____. If we fail to pay those bills, we owe our **(33)** _____. If we want to prove that our qualifications can be believed, we offer our **(34)** _____. Schools that want their qualifications to be respected want to be **(35)** _____. If we are believable, we are **(36)** _____. If something is unbelievable, it is **(37)** _____. People who believe too easily are **(38)** _____.

▶ Ejercicio final

Escoge diez palabras de la lista de hoy que fueron nuevas o desconocidas antes de haber iniciado la lección de hoy. Escoge cinco de entre las diez palabras que seleccionaste y escribe cinco oraciones con ellas en el espacio de abajo.

Escribe las otras en tarjetas de trabajo con su definición y agrégalas a tu lista general de palabras. Pídele a un amigo que te realice una prueba con la lista de palabras que llevas reunidas hasta ahora.

_____

_____

_____

_____

Técnicas adquiridas

Usa rimas u otros métodos nemotécnicos para recordar las raíces de las palabras de hoy. Por ejemplo, tú puedes imaginarte a alguien llamado *Greg* en medio de una multitud para recordar que *greg* significa *multitud*—y que tiene que ver con la palabra *gregarious*.

Después de la definición de las palabras de esta lección, hay una lista de palabras que comparten raíces. Usa algunas de esas palabras (por ejemplo, *bibliophile,* la cual tiene la misma raíz que la palabra *philanthropy*). Primero trata de adivinar el significado de las palabras desconocidas. Depués búscalas en el diccionario y úsalas en oraciones.

▶ **Respuestas**

Ejercicio 1	Ejercicio 2	Ejercicio 3	Ejercicio adicional
1. i	11. incisive	21. benevolent	31. creed
2. f	12. contradictions	22. impediment	32. credit
3. e	13. philanthropy	23. incisive	33. creditors
4. h	14. remittance	24. inference	34. credentials
5. j	15. attributes	25. agoraphobia	35. accredited
6. g	16. assimilate	26. philanthropy	36. credible
7. a	17. precedent	27. tangential	37. incredible
8. c	18. recapitulate	28. credence	38. credulous
9. d	19. tangential	29. contradict	
10. k	20. biodegradable	30. biodegradable	

5 ▶ Prefijos que cambian el significado de una palabra

SUMARIO DE LA LECCIÓN

Esta lección te introduce los prefijos que influyen en el significado de las palabras. Aprendiendo algunos de los prefijos más comunes, aprenderás a reconocer muchas palabras nuevas.

LOS PREFIJOS SON las partes al principio de las palabras que cambian o influyen en el significado de las raíces de las palabras, en diferentes formas. Por ejemplo, la raíz latina *vert* significa "girar"—en inglés, "turn." Mira qué pasa cuando posiciones diferentes prefijos enfrente de su raíz:

- *con* (*with* or *together*) + **vert** = *convert* (*transform*; think *turn together*)
  She wanted to **convert** the old barn into a studio.
- *di* (*two*) + **vert** = *divert* (*turn aside*)
  He wanted to **divert** attention from his shady past.
- *ex* (*out of, away from*) + **vert** = *extrovert* (*an outgoing, out-turning, individual*)
  He was an **extrovert** who was the life of every party.
- *in* (*opposite*) + **vert** = *invert* (*turn over*)
  He **inverted** the saucer over the cup.
- *intro* (*inside*) + **vert** = *introvert* (*an inwardly directed person*)
  She was an **introvert** who generally shied away from company.

- *re* (*back* or *again*) + **vert** = *revert* (*turn back*)

He **reverted** to his old ways when he got out of prison.

El conocimiento del significado sugerido por algunos de los prefijos más comunes te ayudará a enriquecer tu vocabulario de lectura, de escritura y de escucha.

Ten presente que los prefijos se ven generalmente en diferente forma y pueden cambiar fundamentalmente el significado de la raíz de la palabra—por ejemplo, para hacerla contraria. Pero el sentido de trabajar con prefijos no es sólo aprender de memoria un montón de partes desconectadas dentro de las palabras, sino también hacerte familiar con los ejemplos más comunes. Después, serás capaz de figurarte cómo el significado de la palabra puede haber sido cambiado por un prefijo.

▶ Trabajar con la lista de palabras

La forma y el sonido

Las palabras siguientes contienen fundamentalmente prefijos griegos y latinos. A base de forma y sonido, determina cuántas puedes reconocer. Para facilitar su trabajo, los prefijos han sido puestos en negrillas.

antecedent	*an-ti-SEED-ent*
antipathy	*an-TIP-uh-thee*
circumvent	*SIR-kum-vent*
consensus	*kun-SEN-sus*
controversy	*KON-truh-ver-see*
decimate	*DES-i-mate*
demote	*dee-MOTE*
disinterested	*dis-IN-tres-ted*
euphemism	*YOO-fe-miz-um*

exorbitant	*ek-ZOHR-bi-tunt*
illegible	*i-LEJ-i-bul*
intermittent	*in-ter-MIT-ent*
malevolent	*muh-LEV-uh-lent*
precursor	*pre-KUR-ser*
prognosis	*prog-NO-sis*
retrospect	*RET-roh-spekt*
subordinate	*suh-BOR-din-it*
synthesis	*SIN-thuh-sis*
transcend	*tran-SEND*
trivial	*TRI-vee-ul*

Número de palabras que sabes de vista y por sonido: ____

Por contexto

Ahora trata de familiarizarte con cada palabra dentro de su contexto.

Probably no town, city, or state in this country is immune to the **controversy** that always surrounds attempts to cut government budgets. Many communities are already faced with **exorbitant** expenses related to high labor costs, costly social services, and shrinking tax bases. In **retrospect**, we are probably paying for the unprecedented government spending of the past decade. The **consensus** of opinion today, however, seems to be that budgets must be cut, though such cuts threaten to **decimate** the services the neediest people depend on. The **prognosis** for the economic future of our cities, therefore, is guarded.

Her **antecedents** were from Italy.

He tried to **circumvent** the law to avoid paying his parking tickets.

His poor attitude left the manager no choice but to **demote** him.

The Model T was the **precursor** of today's mass-produced automobiles.

He often used **euphemisms** to avoid speaking about something distasteful.

His love of his family **transcended** his ambition in business.

When I became a supervisor, I took special training in how to deal with **subordinates**.

She was a **disinterested** person in the negotiations and would not benefit either way.

Her **antipathy** for her former enemy was as strong as ever.

The **intermittent** ringing of the phone kept her awake.

It seemed a **trivial** matter to concern the president of the company.

The writer managed to **synthesize** a number of large ideas into a small, well-written essay.

His **illegible** handwriting made it hard to verify his signature.

The villain had a **malevolent** character that was obvious to all.

Número total de palabras que sabes: _____

Ahora mira de nuevo la lista original. Mira los prefijos. Escribe otra palabra que pienses pueda iniciar con el mismo prefijo.

Definiciones y prefijos

Abajo están las palabras con sus prefijos y significados, así como otras palabras que comparten el mismo prefijo.

antecedent (**ante** = *before*): something that comes before, especially ancestors
antenatal, antebellum, anteroom

antipathy (**anti** = *against*) hatred, feelings against
antiwar, antibiotic, antidote

circumvent (**circum, circ** = *around*): to get around
circumscribe, circulate, circumference

consensus (**con** = *with, together*): agreement on a course of action
congress, convivial, congregate

controversy (**contr** = *against*): public dispute
contraceptive, contrast, contrary

decimate (**dec** = *ten*): to destroy or kill a large portion of something
decimal, decibel

demote (**de** = *down, away from*): to lower in grade or position
decline, denigrate, deflate

disinterested (**dis** = *not, opposite of*): not having selfish interest in (not the same as *uninterested*)
disappointed, disabled, disqualified

euphemism (**eu** = *good, well*): a more pleasant term for something distasteful
euthanasia, euphonious, eugenic

exorbitant (**ex** = *out of, away from*): excessive (literally, out of orbit!)
exhume, extort, exhale, export

illegible (**il** = *not, opposite*): not readable
illegal, illegitimate, illicit

intermittent (**inter** = *between*): occurring from time to time, occasional
  intermediate, interlude, intermission, interview

malevolent (**mal** = *bad*): cruel, evil
  malady, malefactor, malice, malignant

precursor (**pre** = *before*): a form that precedes a current model
  premeditate, premature, prevent, preview

prognosis (**pro** = *before*): opinion about the future state of something
  provide, professional, produce

retrospect (**retro** = *back, again*): hindsight
  retroactive, retrograde, retrorocket

subordinate (**sub** = *under*): lower in rank
  subterranean, substrate, subscription

synthesis (**syn, sym** = *with* or *together*): the combination of many things into one
  synthetic, symphony, symbiotic

transcend (**trans** = *across*): to go beyond
  transfer, transportation, transatlantic

trivial (**tri** = *three*): unimportant
  tripod, triangle, triennial

El significado de algunas palabras se ve claramente en sus componentes:

- **Antipathy** significa *feelings against* (*anti = against, path = feelings*).
- **Retrospect** significa *looking back* (*retro = back, spect = to look or see*).

La conexión entre el significado de los prefijos y el significado de la palabra es mucho menos obvia en otros casos. La palabra *trivial* se refiere a un lugar donde hace mucho tiempo tres rutas principales se encontraban y la gente intercambiaba chismes y otra información. Ahora utilizamos *trivial* para referir a cualquier tipo de información que consideramos fuera de propósito.

▶ Práctica

Haz los ejercicios 1 y 2 de abajo. Compara tus respuestas con las respuestas correctas ubicadas al final de la lección. Si tu resultado fue del 80 por ciento en ambos ejercicios, ve inmediatamente al Examen de Práctica. Pero si fue menor del 80 por ciento haz el ejercicio 3 de abajo como práctica adicional.

Ejercicio 1

Asigna la definición correcta para la primera columna utilizando las palabras de la segunda columna.

_____ 1.	antipathy	**a.** hindsight
_____ 2.	prognosis	**b.** cruel
_____ 3.	exorbitant	**c.** forecast
_____ 4.	intermittent	**d.** unreadable
_____ 5.	malevolent	**e.** unqualified
_____ 6.	retrospect	**f.** hatred
_____ 7.	antecedents	**g.** forebears
_____ 8.	subordinate	**h.** bring together
_____ 9.	synthesize	**i.** lower in rank
_____ 10.	illegible	**j.** recurring
		k. excessive

Resultado del ejercicio 1: _____

Ejercicio 2

Completa las oraciones de abajo con la lista de las palabras de hoy.

11. The manager threatened to _____ the clerk if he came late one more time.

12. The jury, wanting to end the trial once and for all, finally attained a _____ on the verdict.

13. The Civil War _____ both the land and the population of the South.

14. Single-aisle jet airliners were the _____ of today's wide-body jumbo jets.

15. The choice had to be made by a(n) _____ person who would not benefit from the outcome.

16. Using too many _____ to avoid distasteful subjects weakens our ability to express ourselves clearly.

17. The boy always found a way to _____ authority and get his own way.

18. The Olympics can _____ national divisions in the spirit of fair play.

19. The boss was upset with the profusion of _____ questions; he found it all quite unproductive.

20. _____ is unavoidable when two political parties try to come to an agreement.

Resultado del ejercicio 2: _____

Ejercicio 3

Marca como cierto o falso las afirmaciones siguientes de acuerdo al significado de las palabras subrayadas.

_____ 21. Most people would want to pay an exorbitant sum for a theater ticket.

_____ 22. Intermittent appointments happen more than once.

_____ 23. A retrospective exhibition shows only recent works by an artist.

_____ 24. A disinterested person is bored with her work.

_____ 25. A consensus opinion reflects divisions and disagreements.

_____ 26. A malevolent character in a movie is usually the hero.

_____ 27. One's children are one's antecedents.

_____ 28. Only trivial matters are referred to the CEO of the company.

_____ 29. If you have antipathy toward someone, you have little or no feeling at all.

_____ 30. "Heavy" is a euphemism for "fat."

Resultado del ejercicio 3: _____

Examen de práctica

Marca con un círculo la respuesta que signifique lo *contrario* de las palabras subrayadas a continuación.

31. a synthesis of ideas
- **a.** blending
- **b.** review
- **c.** separation
- **d.** sharing

32. a decimated area
- **a.** intact
- **b.** scenic
- **c.** damaged
- **d.** beautiful

33. illegible handwriting
- **a.** invisible
- **b.** unqualified
- **c.** unreadable
- **d.** clear

34. an exorbitant price
- **a.** expensive
- **b.** unexpected
- **c.** extraordinary
- **d.** reasonable

35. a subordinate principle
- **a.** unimportant
- **b.** underlying
- **c.** lower
- **d.** higher

36. one's antecedents
- **a.** enemies
- **b.** descendants
- **c.** forefathers
- **d.** interests

37. to circumvent the rules
- **a.** break
- **b.** follow
- **c.** change
- **d.** ignore

38. an intermittent action
- **a.** uncertain
- **b.** single
- **c.** negative
- **d.** definite

39. a trivial question
- **a.** significant
- **b.** petty
- **c.** worthless
- **d.** tricky

40. a malevolent spirit
- **a.** evil
- **b.** spiteful
- **c.** mischievous
- **d.** kindly

▶ Ejercicio final

Escoge diez palabras de la lista de hoy de las cuales todavía no te sientes seguro usar en tu escritura o conversación. Escribe cinco oraciones en el espacio de abajo. Escribe las otras en tarjetas con su definición y añádelas a tu lista general de palabras. Ponte como objetivo usar dos o tres de estas palabras en tu conversación durante el día.

_____

_____

_____

_____

_____

Técnicas adquiridas

Crea todas las palabras que puedas con los prefijos que aprendiste en esta lección. Algunas ya estarán activas en tu vocabulario; otras, puede ser que sólo las hayas oído. Mira las palabras desconocidas y ubícalas en tu vocabulario de lectura.

Usa rimas u otros métodos nemotécnicos para recordar las raíces de las palabras de hoy. Por ejemplo, podrías imaginarte un triángulo para recordar que *tri* significa *tres*.

▶ Respuestas

Ejercicio 1	Ejercicio 2	Ejercicio 3	Examen de práctica
1. f	11. demote	21. false	31. c
2. c	12. consensus	22. true	32. a
3. k	13. decimated	23. false	33. d
4. j	14. precursors	24. false	34. d
5. b	15. disinterested	25. false	35. d
6. a	16. euphemisms	26. false	36. b
7. g	17. circumvent	27. false	37. b
8. i	18. transcend	28. false	38. b
9. h	19. trivial	29. false	39. a
10. d	20. Controversy	30. true	40. d

6 ▶ Sufijos que indican la categoría léxica

SUMARIO DE LA LECCIÓN

Esta lección te muestra cómo los sufijos pueden influir en el papel de una palabra en una oración, en efecto, categoría gramatical.

LAS TRES LECCIONES pasadas han tratado de los elementos de las palabras que contienen y cambian el significado de una palabra. Esta lección se concentrará en las partes finales de las palabras—sufijos—que señalan cómo una palabra funciona en el contexto semántico.

Puede ser que recuerdes de tus clases de inglés en la escuela primaria que las palabras se organizan según categorías gramaticales—principalmente: sustantivos, que nombran algo; verbos, que representan acciones o palabras existentes; y, finalmente, adjetivos y adverbios, que describen otras palabras. Los sufijos generalmente revelan la categoría gramatical a la cual pertenece una palabra.

Por ejemplo, mira la palabra *devote,* que significa *to dedicate time to the care of someone or something.* Los sufijos cambian la manera en que la palabra trabaja en una oración.

- Como **verbo** se presenta tal y cómo es:
  I will *devote* my time to my family.
- Como **nombre o sustantivo** lleva el sufijo *-tion* y se convierte en *devotion*:
  His *devotion* to his family was well known.

■ Como **adjetivo**, al modificar un nombre o sustantivo, lleva el sufijo *-ed* y se convierte en *devoted*:

He is a *devoted* family man.

■ Como **adverbio**, al modificar un verbo, lleva el sufijo *-ly* y se convierte en *devotedly*:

He served his family *devotedly* for many years.

De esta manera, el añadir un sufijo cambia la función de una palabra en una oración, sin cambiar el significado fundamental de la palabra. Se puede pensar en un sufijo como el equipo o el uniforme que una palabra lleva para determinar su papel en una oración, así como tú puedes vestirte en diferentes trajes para diferentes actividades: un traje o uniforme para el trabajo, tejanos para quehaceres de la casa, o un conjunto deportivo para salir a correr.

▶ Trabajar con la lista de palabras

Por sonido y de vista

En las 20 palabras de abajo, los sufijos se imprimen en letras negritas para identificar la manera en que las palabras funcionan en cada oración. Al mirar las palabras y al determinar si las conoces de vista o por su sonido, piensa en otras palabras que contienen los mismos sufijos. Lo que ya sabes puede ayudarte a imaginar el significado de palabras que son nuevas para ti.

agra**rian**	*uh-GRARE-ee-an*
bigo**try**	*BIG-uh-tree*
consumm**ate**	*KON-suh-mate*
cop**ious**	*COPE-ee-us*
cryp**tic**	*KRIP-tik*
defer**ment**	*di-FER-ment*
etym**ology**	*et-uh-MOL-uh-jee*
fur**tive**	*FUR-tiv*

laud**able**	*LAW-duh-bul*
mut**ation**	*myoo-TAY-shun*
obsol**escence**	*ob-suh-LESS-ence*
par**ity**	*PAIR-i-tee*
pragma**tism**	*PRAG-muh-tiz-um*
protagon**ist**	*proh-TAG-uh-nist*
provoc**ative**	*pruh-VOK-uh-tiv*
puer**ile**	*PYOOR-ul*
rect**ify**	*REK-ti-fie*
relent**less**	*ri-LENT-less*
satir**ize**	*SA-tuh-rize*
vener**ate**	*VEN-uh-rate*

Número de palabras que sabes por sonido y de vista:

_____

Por contexto

Ahora las palabras están en contexto. Determina cúantas palabras más conoces por su uso en estas oraciones.

One of the most **provocative** employment issues today is that of minority hiring in major industries. In an effort to **rectify** discrimination caused by past **bigotry** and to offer **parity** with other workers, some industries are offering special incentives for minority workers. Though these motives are **laudable** in many ways, these actions will doubtless meet with **relentless** resistance from those who feel that any kind of favoritism is unfair.

He seemed to behave in a **furtive**, almost secretive, manner.

He tried to get a **deferment** that would allow him to delay his induction into the army.

She made a **cryptic** comment that was difficult to interpret.

The **protagonist** in the play was in every scene.

His **pragmatism** allowed him to make realistic decisions.

The **agrarian** way of life has gradually given way to a more urban society.

Stephen Colbert likes to **satirize** political life.

His **puerile** behavior made him seem childish and immature.

He took **copious** notes before the final exam.

It is interesting to know the **etymology** of unfamiliar words.

The sales director wanted to **consummate** the transaction before another vendor made a bid.

The automotive industry builds a certain amount of **obsolescence** into cars so that they will need to be replaced in a few years.

In some parts of the world, people **venerate** their elders.

Many organisms are known for their **mutations**, which allow them to change form over the course of their lifetimes.

Número total de palabras que sabes: _____

Definiciones

Aquí están las definiciones de las palabras de hoy. ¿Significan lo que tú creías al principio?

agrarian: having to do with agriculture or farming
   The farmer loved his **agrarian** life.
bigotry: narrow-minded intolerance
   We must guard against **bigotry** wherever it exists.
consummate: to make complete
   The deal was **consummated** after long negotiations.
copious: plentiful
   He shed **copious** tears over the tragic bombing.
cryptic: mysterious, hidden
   She made a **cryptic** comment that was unclear to everyone.
deferment: delay
   He wanted a **deferment** on paying his student loans.
etymology: study of word origins
   The scholar was an authority on the **etymology** of words.
furtive: underhanded and sly
   He had a **furtive** manner.
laudable: praiseworthy
   He had **laudable** intentions to do good in his community.
mutation: a change in form or makeup
   The scientist found a significant **mutation** in the gene.
obsolescence: the state of being outdated
   The new designs were already headed for **obsolescence.**
parity: equality of standing
   He wanted **parity** with the other employees.

pragmatism: faith in the practical approach

His **pragmatism** helped him run a successful business.

protagonist: one who is the central figure in a drama

The **protagonist** was played by a great actor.

provocative: inciting to action

The actions of a few demonstrators were **provocative.**

puerile: childish

The father's actions were **puerile**; his five-year-old was more mature.

rectify: to correct

He wanted to **rectify** the misunderstanding.

relentless: unstoppable

He was **relentless** in his search for knowledge.

satirize: to use humor to expose folly in institutions or people

Comedians like to **satirize** politicians.

venerate: to respect or worship

He **venerated** his parents and protected their interests.

▶ Práctica

Como has hecho antes completa el ejercicio 1 y 2 de abajo. Compara tus respuestas con las respuestas correctas ubicadas al final de la lección. Si tu resultado fue del 80 por ciento en ambos ejercicios, ve inmediatamente al ejercicio adicional. Pero si fue menor del 80 por ciento, haz el ejercicio 3 de abajo, para práctica adicional.

Ejercicio 1

Asigna la definición correcta para la primera columna utilizando las palabras de la segunda columna.

_____ **1.** pragmatism   **a.** praiseworthy

_____ **2.** bigotry   **b.** respect

_____ **3.** puerile   **c.** plentiful

_____ **4.** copious   **d.** mysterious

_____ **5.** consummate   **e.** realism

_____ **6.** rectify   **f.** intolerance

_____ **7.** cryptic   **g.** underhanded

_____ **8.** venerate   **h.** practicality

_____ **9.** laudable   **i.** childish

_____ **10.** furtive   **j.** complete

   k. correct

Resultado del ejercicio 1: _____

▶ Sufijos

La tabla de abajo muestra los sufijos usados en la lista de palabras de hoy. Están divididos según categoría gramatical o por el "tipo de trabajo" que sugieren para las palabras. Otras palabras que contienen esos sufijos están alistadas. En la última columna provee, al menos, una de las otras palabras que usa cada sufijo, además de las palabras en la lista de hoy.

Terminaciones para sustantivos

SUFIJOS	SIGNIFICADO	EJEMPLOS	TU EJEMPLO
-tion	act or state of	retraction, contraction	
-ment	quality of	deportment, impediment	
-ist	one who	anarchist, feminist	
-ism	state or doctrine of	barbarism, materialism	
-ity	state of being	futility, civility	
-ology	study of	biology, psychology	
-escence	state of	adolescence, convolescence	
-y, -ry	state of	mimicry, trickery	

Terminaciones para adjetivos

SUFIJOS	SIGNIFICADO	EJEMPLOS	TU EJEMPLO
-able	capable of	perishable, flammable	
-ic	causing, making	nostalgic, fatalistic	
-ian	one who is or does	tactician, patrician	
-ile	pertaining to	senile, servile	
-ious	having the quality of	religious, glorious	
-ive	having the nature of	sensitive, divisive	
-less	without	guileless, reckless	

Terminaciones para verbos

SUFIJOS	SIGNIFICADO	EJEMPLOS	TU EJEMPLO
-ize	to bring about	colonize, plagiarize	
-ate	to make	decimate, tolerate	
-ify	to make	beautify, electrify	

Nota te olvides que existen muchos más sufijos, además de éstos aquí en la tabla. Los sufijos para adverbios no se incluyen porque, por la mayor parte, sólo existe uno: -ly.

Ejercicio 2

Marca como cierto o falso las afirmaciones siguientes de acuerdo al significado de las palabras subrayadas.

_____ **11.** A <u>deferment</u> allows immediate action.

_____ **12.** The <u>protagonist</u> is usually the most important person in a play.

_____ **13.** Most people think that wage <u>parity</u> is a good idea, at least in theory.

_____ **14.** <u>Obsolescence</u> adds value to merchandise.

_____ **15.** <u>Etymology</u> is the study of insect life.

_____ **16.** Genetic <u>mutations</u> result in altered forms.

_____ **17.** A <u>relentless</u> search is carried out casually or slowly.

_____ **18.** <u>Provocative</u> comments are meant to go unnoticed.

_____ **19.** A <u>furtive</u> glance is sly and secretive.

_____ **20.** <u>Agrarian</u> life is found in the city.

Resultado del ejercicio 2: _____

Ejercicio 3

Responde a las preguntas siguientes utilizando la lista de las palabras de hoy.

21. If you <u>venerate</u> something, you

_____.

22. If you request a <u>deferment</u>, you want

_____.

23. If you want to <u>rectify</u> a situation, you must

_____.

24. If you are a <u>relentless</u> person, you

_____.

25. If your motives are <u>laudable</u>, they are

_____.

26. If you <u>satirize</u> something, you

_____.

27. If you behave in a <u>puerile</u> manner, you are

_____.

28. If you behave in a <u>furtive</u> way, you are being

_____.

29. If you want <u>parity</u> at work, you want

_____.

30. If you <u>consummate</u> arrangements for a trip, you

_____.

Resultado del ejercicio 3: _____

► Ejercicio adicional

Escoge diez palabras de la lista de hoy que tu quieras aprender. Escribe cinco oraciones con ellas en el espacio de abajo.

_____

_____

_____

_____

_____

Escribe las otras en tarjetas con su definición y añádelas a tu lista general de palabras. Hasta ahora deberás tener 30 o más palabras en tu lista. Pídele a alguien que te pregunte sus definiciones para practicar.

Técnicas adquiridas

Trata de cambiar los sufijos de algunas palabras de esta lección. Por ejemplo, cambia _mutation_ por _mutant_ o _pragmatism_ por _pragmatic_. Está seguro de que sabes el significado de la palabra alterada. Identifica cualquier prefijo o raíz en las palabras de esta lección.

► Respuestas

Ejercicio 1	Ejercicio 2	Ejercicio 3
1. e	11. false	21. respect it
2. f	12. true	22. a postponement
3. i	13. true	23. correct it
4. c	14. false	24. don't give up
5. j	15. false	25. praiseworthy
6. k	16. true	26. make fun of it
7. d	17. false	27. childish
8. b	18. false	28. sly and sneaky
9. a	19. true	29. equal treatment
10. g	20. false	30. finalize them

7 ▶ Usar el contexto para determinar lo que significa una palabra

SUMARIO DE LA LECCIÓN

Esta lección se enfoca en el uso del contexto para entender el significado de las palabras. Dos clases de pistas se destacan: definición y contraste. Dos clases más de claves se tratan en la lección 8. Todas las palabras de hoy vienen de otros idiomas.

AS LECCIONES 1–6 se concentraron en determinar los significados de palabras desconocidas, decodificando y analizando las palabras en sí mismas. El concepto de contexto—las palabras y oraciones alrededor de palabras desconocidas—ya debe ser familiar para ti. Esta lección y la sigurente se enfocan más específicamente en el contexto, mostrándote cómo usar el contexto para obtener "pistas" del significado de las palabras.

En general, existen cuatro formas de pistas o claves de contexto:

1. Pista de contexto por definición, en que el escritor define la palabra en la misma oración.
2. Pista de contexto por contraste, en que la palabra se presenta como lo contrario de otro elemento del texto.
3. Pista de contexto por ejemplo, en que el escritor ofrece una ilustración del significado de la palabra.
4. Pista de contexto por reafirmación, en que el autor sigue la oración con otra oración que la clarifica o que intensifica el sentido.

Los dos primeros tipos de "pistas" de contexto se tratan en esta lección y las otras en la lección 8.

▶ Trabajar con la lista de palabras

Como viste en la lección 1, muchas palabras en inglés vienen directamente de idiomas extranjeros, con la pronunciación y el significado originales intactos. Para entender esas palabras, generalmente tienes que usar el contexto, porque es difícil pronunciar muchas fonéticamente ya que no obedecen reglas inglesas.

Por sonido y de vista

Para las palabras siguientes, te proporcionamos su pronunciación y la lengua de su procedencia. Aunque reconozcas su significado de vista o por su sonido, tendrás que depender de su contexto para determinar su significado. (Como es obvio, ¡las palabras españolas adquieren nuevas y distintas pronunciaciónes en inglés!)

aficionado (Spanish)	*uh-FIS-ee-uh-NA-doe*
apartheid (Afrikaans)	*a-PAR-tide*
carte blanche (French)	*kart BLAHNSH*
caveat (Latin)	*KAH-vee-at*
charisma (Italian)	*ka-RIZ-ma*
chutzpah (Yiddish)	*HOOTS-pah*
coterie (French)	*KOH-tuh-ree*
coup d'état (French)	*koo day-TAH*
détente (French)	*day-TAHNT*
dilettante (Italian)	*dil-e-TANT*
ersatz (German)	*ER-zatz*
faux pas (French)	*foe PAH*
junta (Spanish)	*HOON-tah*
kibitz (Yiddish)	*KIB-itz*
malaise (French)	*mal-AYZ*
naïveté (French)	*nah-eev-TAY*
pariah (Hindi)	*puh-RY-uh*
peccadillo (Spanish)	*pek-uh-DIL-oh*
pundit (Hindi)	*PUN-dit*
repertoire (French)	*REP-er-twar*

Número de palabras que sabes por sonido y de vista:

___

Por contexto
Pistas por definición

En las oraciones siguientes, las palabras de la lista de hoy están definidas directamente en la oración. Toma la oración siguiente como ejemplo: *His entourage, that is, his train of helpers, followed him everywhere.* En esta oración *train of helpers* define *entourage* y la frase *that is* siempre te dice, como aviso, que la definición viene en seguida.

Rodea con un círculo la definición incrustada en cada oración. Verás que la definición te permitirá saber el significado de cada palabra.

He was known as a **pundit**, an expert, on etymology.

The commission issued a **caveat**, warning against employees' "double dipping" from the city's treasury.

Only he would have the **chutzpah**, the nerve, to ask her for a ride after insulting her.

He had a wide **repertoire**, or collection, of musical works to draw on.

After his release from prison, the man remained a **pariah**, an outcast in the community.

After the revolution, power in the country was assumed by the **junta**, the group that suddenly seized power by force in a bloody **coup d'état**.

The candidate had a certain **charisma**, a strong personality that made people want to follow him.

He was rarely seen without his **coterie**, the group of friends he considered to be loyal to him.

After the war he sank into a **malaise**, a sadness he just couldn't overcome.

He was an **aficionado**, a devoted fan, of professional boxing.

Pistas por contraste

En el siguiente conjunto de oraciones, las palabras aparecen con pistas de contexto por contraste. Una pista de contraste ubica una palabra contrariamente a su antónimo. Por ejemplo: *Though he said his art was avant-garde, it really seemed rather old-fashioned.* En oposición a *old-fashioned*, *avant-garde* significa *brand new* o *ahead of the times.*

Rodea con un círculo la pista de contexto en cada una de las oraciones siguientes:

Though he professed to be on a budget, he seemed to have **carte blanche** to buy whatever he wanted.

He said the bag was genuine kidskin, but I knew that it was merely **ersatz** leather.

Though her appearance was sophisticated, her manner showed her real **naïveté**.

Though he tried to dismiss his actions as harmless **peccadillos**, I believed that more serious crimes were involved.

He regarded himself as a professional, but I thought he was merely a **dilettante**.

Though both parties said they could not agree, they managed to arrive at a **détente**.

She said she minded her own business, but actually she loved to **kibitz** with anyone she could find.

They said that racial integration had been achieved, but we knew that vestiges of **apartheid** still existed in South Africa.

Though he generally had good social skills, he nonetheless was remembered for his embarrassing **faux pas.**

Usando la definición y las señas de contraste, escribe tu propia definición de cada palabra de la lista de hoy en una hoja de papel separada.

Número total de palabras que conoces: _____

Para personas cuya lengua materna no es el inglés

Ten presente que las formas de puntuación te ayudan a encontrar el contexto. Aquí están algunas maneras en que la puntuación se usa para aclarar el significado de las palabras en las oraciones.

- Las definiciones generalmente están colocadas entre comas: *He was an aficionado, a devoted fan, of the Dallas Cowboys.*
- Los ejemplos por contraste generalmente están antecedidos por una coma: *Though he demanded carte blanche to do his own stunts in the movie, the director still limited his action sequences.*

Definiciones

Aquí están las definiciones de las palabras de la lista de hoy. Compáralas con las definiciones que tú escribiste.

aficionado: a devoted fan

apartheid: official separation of races

carte blanche: unlimited authority

caveat: a warning

charisma: compelling personality

chutzpah: nerve, gall

coterie: a group of followers

coup d'état: a sudden overthrow of power

détente: an agreement

dilettante: a dabbler

ersatz: synthetic, fake

faux pas: a social error

junta: a group that seizes power

kibitz: meddle

malaise: a feeling of sadness or lethargy

naïveté: innocence, simplicity

pariah: an outcast

peccadillo: misdemeanor, small sin or fault

pundit: expert, authority

repertoire: a list of someone's works or skills

Ejercicio 1

Asigna la definición correcta para la primera columna utilizando las palabras de la segunda columna:

_____ **1.** repertoire

_____ **2.** coterie

_____ **3.** dilettante

_____ **4.** kibitz

_____ **5.** faux pas

_____ **6.** junta

_____ **7.** aficionado

_____ **8.** pariah

_____ **9.** pundit

_____ **10.** naïveté

a. a social error

b. a dabbler

c. an expert or authority

d. a devoted fan

e. offer unwanted advice

f. favorable character

g. innocence, lack of sophistication

h. a group that takes power

i. a loyal following

j. an outcast

k. a list of talents or works

Resultado del ejercicio 1: _____

▶ Práctica

Completa los ejereicíos 1 y 2 de abajo. Compara tus respuestas con las respuestas correctas ubicadas al final de la lección. Si tu resultado fue del 80 por ciento en ambos ejercicios, ve inmediatamente a la Práctica de la Evaluación. Pero si fue menor del 80 por ciento haz el ejercicio 3 de abajo para práctica adicional.

Ejercicio 2

Al lado de cada oración, escribe una *D* si la oración te da una pista de contexto por definición o una *C* si te la da por contraste.

_____ **10.** He offered a *caveat*, a warning, about the dangers of smoking.

_____ **12.** Though he tried to appear energetic, we all knew that he suffered from a *malaise*.

_____ **13.** The coffee, though we knew it was *ersatz*, tasted genuine.

_____ **14.** She had a charming *naïveté*, or lack of sophistication.

_____ **15.** As a youth he had committed a harmless *peccadillo*, hardly a serious crime.

_____ **16.** They reached a *détente*, or agreement, after all the negotiations were complete.

_____ **17.** She liked nothing better than to *kibitz* around the neighborhood, meddling in everyone's business.

_____ **18.** *Apartheid*, the official separation of the races in South Africa, is now illegal.

_____ **19.** He was embarrassed that his *faux pas*, a small social misstep, had created so much fuss.

_____ **20.** He claimed that the *coup d'état*, the sudden overthrow of power in the small country, was successful.

Resultado del ejercicio 2: _____

Ejercicio 3

Marca como cierto o falso las afirmaciones siguientes de acuerdo al significado de las palabras subrayadas.

_____ **21.** A <u>faux pas</u> could cause social embarrassment.

_____ **22.** A <u>dilettante</u> is a seasoned professional.

_____ **23.** An <u>aficionado</u> of opera knows the names of many composers and the tunes of all the famous arias.

_____ **24.** <u>Charisma</u> is a powerful factor in winning elections.

_____ **25.** Someone with <u>chutzpah</u> could appear to be rude and thoughtless.

_____ **26.** A <u>pariah</u> would be welcome in anyone's home.

_____ **27.** A <u>pundit</u> is a humorous speaker.

_____ **28.** People most prefer <u>ersatz</u> jewelry, not genuine stones.

_____ **29.** A <u>junta</u> is an important part of democratic government.

_____ **30.** A <u>coup d'état</u> takes place slowly over a period of time.

Resultado del ejercicio 3: _____

Examen de práctica

Rodea con un círculo la respuesta que mejor complete o complemente las oraciones siguientes.

31. His (charisma/chutzpah) won him many warm accolades.

32. He remained a (dilettante/détente) despite his years of training in art.

33. He always felt that he was a (peccadillo/pariah) among the smart set.

34. He committed a (faux pas/malaise) that no one ever forgot.

35. His (repertoire/coterie) included many celebrities.

36. There was a major (caveat/coup d'état) in the small country over the weekend.

37. The fact that he was a well known (aficionado/pundit) was no surprise to those who knew of his superior knowledge.

38. He made fun of the child's (naïveté/ersatz).

39. The general formed a (junta/kibitz) to overthrow the government.

40. The policy of (apartheid/carte blanche) has led to great tragedy over the years.

► Ejercicio final

Escoge diez palabras de la lista de hoy que no te sientas seguro de poder usar en tus conversaciones o en tu escritura. Escribe cinco oraciones con ellas en el espacio de abajo. Incluye todas las pistas de contexto por definición o contraste que puedas. Escribe las otras en tarjetas con su definición y añádelas a tu lista general de palabras.

_____

_____

_____

_____

_____

Técnicas adquiridas

Consulta tu lista de vocabulario. Escoge cinco palabras con que tienes problemas. Escribe oraciones con las pistas por contraste y por definición.

Usa todas las palabras posibles que puedas aprender esta semana en tu conversación y en tu escritura.

► Respuestas

Ejercicio 1	Ejercicio 2	Ejercicio 3	Examen de práctica
1. k	11. D	21. true	31. charisma
2. i	12. C	22. false	32. dilettante
3. b	13. C	23. true	33. pariah
4. e	14. D	24. true	34. faux pas
5. a	15. C	25. true	35. coterie
6. h	16. D	26. false	36. coup d'état
7. d	17. D	27. false	37. pundit
8. j	18. D	28. false	38. naïveté
9. c	19. D	29. false	39. junta
10. g	20. D	30. false	40. apartheid

Más sobre el contexto

SUMARIO DE LA LECCIÓN

Esta lección se enfoca en dos tipos de pistas de contexto: ejemplos y reafirmación. La lista de palabras presenta palabras que vienen de nombres de personas, lugares o eventos. El contexto es siempre la mejor manera de determinar el significado de tales palabras.

A HABRÁS NOTADO varios aspectos del idioma inglés:

- Es visualmente confuso y fonéticamente irregular.
- Las palabras tienen diferentes formas para diferentes propósitos—las categorías gramaticales.
- Las palabras generalmente comparten elementos que revelan su significado, como raíces y afijos.
- Algunas veces el significado de una palabra es claro dentro de su contexto.
- Algunas palabras vienen directamente de otras idiomas.

La dificultad principal del inglés radica en su complejidad. El gozo del inglés es su habilidad de crecer y adoptar nuevas palabras de muchas fuentes. En esta lección, junto con la 9 y la 10—la última lección de vocabulario antes de abordar la ortografía—verás cómo nuevas palabras vienen dentro de los idiomas, cuyas fuentes proceden de nombres de lugares, nombres personales, referencias literarias o históricas y de la nueva tecnología.

Esta lección se enfoca también en dos tipos de pistas de contexto adicionales que te ayudarán a determinar lo que significa una palabra: pistas de contexto por ejemplo y por reafirmación. Son de ayuda especial con palabras derivadas de nombres y con palabras provenientes de la nueva tecnología, porque muchas carecen de pistas fonéticas o estructurales.

▶ Trabajar con la lista de palabras

La lista de palabras de hoy proviene de nombres de personas o lugares; algunos son reales y otros ficticios. El significado presente de dichas palabras se vincula con características o eventos asociados con el nombre. Por ejemplo, la palabra *boycott,* que significa negarse a comprar o pagar algo, viene del nombre de un propietario irlandés que dirigía a la policia hacia aquellos inquilinos que se negaban a pagar su alquiler.

Por sonido y de vista

Lee las palabras siguientes y determina cuántas reconoces por su sonido o de vista.

bedlam	*BED-lum*
chauvinistic	*show-vuh-NIS-tik*
cynical	*SIN-i-kul*
draconian	*dra-KOH-nee-un*
erotic	*e-ROT-ik*
forensic	*fuh-REN-sik*
gerrymander	*JER-ee-man-der*
jovial	*JO-vee-al*
masochist	*MAS-uh-kist*
maudlin	*MAWD-lin*
maverick	*MAV-er-ik*
mecca	*MEK-uh*
mentor	*MEN-tor*

mesmerize	*MEZ-mer-ize*
narcissistic	*nar-si-SIS-tik*
quixotic	*kwik-SOT-ik*
stoic	*STOW-ik*
tantalize	*TAN-tuh-lize*
titanic	*tie-TAN-ik*
utopia	*yoo-TOE-pee-uh*

Número de palabras que sabes por sonido y de vista:

_____

Por contexto
Pistas por ejemplo

Diez palabras de la lista de hoy se presentan con pistas de contexto por ejemplo. En las oraciones siguientes, el escritor usa ejemplos para ilustrar el significado de las palabras. Rodea en un círculo los ejemplos que te ayuden a figurarte el significado de las palabras.

The harsh and punishing laws passed by this legislature were truly **draconian** in nature.

The magician kept every eye on his spellbinding performance, which was completely **mesmerizing** to the audience.

Broadway is the **mecca** of the musical theater and draws performers from all over the world.

The candidate tried to envision a **utopian** society in which all social problems would be solved.

His **stoic** manner during his last illness won the respect of everyone in the hospital.

His outrageous opinion on the place of women in society suggested unbridled **chauvinism**.

His experience with government corruption had made him **cynical** about the motives of others.

His concern with his personal appearance and preoccupation with his own problems made him seem too **narcissistic** for her taste.

The boss's **tantalizing** promise of a promotion made her decide to stay at her job.

He seemed to take an almost **masochistic** pleasure in reliving his horrible experience.

Pistas por reafirmación

Aquí están las otras diez palabras en las oraciones que contienen pistas de contexto por reafirmación. En las oraciones siguientes el escritor ha clarificado el significado de una palabra desconocida escribiendo una oración o frase suplementaria.

He was considered a real **maverick** in the Congress. He refused to follow his party's platform on nearly every issue.

He threatened to **gerrymander** the district. His redrawing of election lines to favor his candidate would have meant defeat to the other party.

She was a **jovial** hostess. She was always in the midst of the group with a humorous story or joke to raise everyone's spirits.

Unfortunately she became **maudlin** when she drank too much. She would weep and tell long sentimental stories of her unhappy childhood.

He honed his **forensic** skills in college. He participated on the debate team and was speaker at his commencement ceremony.

He mounted a **quixotic** campaign. He pursued his dream, even though he knew he had little chance of success.

The streets of the city were **bedlam** during the earthquake. The noise and confusion were beyond anything anyone had seen before.

The writer always recalled her college **mentor**. She said that the professor's advice had always inspired her.

A **titanic** invasion of leaf-cutter ants swept over the land. It was a gigantic infestation.

The movie contained a very **erotic** love scene. Its sexual nature earned an R rating.

Número total de palabras que conoces: _____

En una hoja separada, escribe tus propias definiciones para cada palabra a base de las pistas del contexto en cada oración.

Definiciones y fuentes

Aquí están las definiciones de la lista de hoy. También hay una explicación del origen de cada palabra.

bedlam: a scene of madness and confusion
> **Bedlam** was the popular name for the Hospital of St. Mary of Bethlehem in London, an asylum for the insane.

chauvinistic: blindly loyal to a cause, gender, or country
> The loyalty of Nicholas **Chauvin** to his leader, Napoleon, was legendary.

cynical: distrustful of the motives of others
> The **Cynics** were a school of philosophy in ancient Greece who emphasized principles of self-reliance and criticism of society.

draconian: harsh and severe, usually pertaining to laws
> The ancient Athenian lawmaker **Draco** is remembered for writing an extremely harsh code of laws.

erotic: pertaining to physical love
> **Eros** was the god of love in Greek mythology.

forensic: pertaining to public speaking or to the legal aspects of medicine
> The **forum** in ancient Rome was the place for public speaking and the center of the law courts.

gerrymander: to redraw district boundaries to favor a particular candidate
> Elbridge **Gerry** was an eighteenth-century Massachusetts politician who redrew election lines to favor particular voting blocs. One such district resembled the outline of a salamander. Gerry's name was joined to the last part of *salamander* to make *gerrymander*.

jovial: happy, outgoing, sociable
> In Greek mythology, **Jove** was the chief god. He smiled indulgently on his people.

masochist: one who takes pleasure in pain, particularly self-inflicted pain (the adjective form is **masochistic**)
> Leopold von Sacher **Masoch** was a nineteenth-century writer who found pleasure in being punished or abused.

maudlin: tearfully sentimental
> In medieval art and theater, Mary **Magdalene** was often depicted as weeping excessively. The word *maudlin* comes from the old pronunciation of her name and indicates any weak emotionalism.

maverick: a political independent or nonconformist free spirit
> Samuel **Maverick** was a Texas rancher who refused to brand his animals. Therefore, a person who doesn't follow institutional policy is considered to be a **maverick**.

mecca: a goal or place of pilgrimage for groups of people
> **Mecca**, the birthplace of Mohammed in Arabia, is the goal of pilgrimages for the faithful of Islam.

mentor: a trusted advisor or counselor
> In Greek mythology, **Mentor** was Odysseus's friend who guided his actions.

mesmerize: to fascinate, hold spellbound
> Friedrich **Mesmer** was a nineteenth-century hypnotist popular in Vienna and Paris for his theory of "animal magnetism."

narcissistic: self-absorbed, conceited
> In Greek mythology, **Narcissus** was a handsome youth who drowned by falling into a pool in which he saw his own reflection.

quixotic: showing an impractical level of idealism
> Miguel Cervantes's book *Don Quixote* is named for its hero, who pursues dreams that are really illusions, such as trying to joust with windmills because he thinks they are actually giants.

stoic: bearing suffering without complaint
> The **Stoa** was an area in ancient Athens where a school founded by the philosopher Zeno met. The school emphasized emotional control and enduring hardships bravely.

tantalize: to tease or to hold just out of reach
> **Tantalus** in Greek mythology was doomed to the underworld where everything he needed was in sight but out of reach.

titanic: gigantic (the noun form is **titan**, a giant)
> The **Titans** were the gods of great strength and power in Greek mythology.

utopia: an ideal society
> Thomas More's book *Utopia*, written in the sixteenth century, described an ideal state. The word is also used satirically as the name of the country in the twentieth-century novel *Brave New World* by Aldous Huxley.

▶ Práctica

Completa los ejercicios 1 y 2 de abajo. Compara tus respuestas con las respuestas correctas ubicadas al final de la lección. Si tu resultado fue del 80 por ciento en ambos ejercicios, ve inmediatamente a la Práctica de la Evaluación. Pero si fue menor del 80 por ciento, haz el ejercicio 3 de abajo para práctica adicional.

Ejercicio 1

Asigna la definición correcta para la primera columna utilizando las palabras de la segunda columna.

_____ 1. jovial

_____ 2. draconian

_____ 3. quixotic

_____ 4. mentor

_____ 5. mesmerize

_____ 6. chauvinistic

_____ 7. stoic

_____ 8. titan

_____ 9. utopia

_____ 10. mecca

a. an ideal society

b. a wise counselor or friend

c. blindly loyal to a cause or a person

d. indifferent to pleasure or pain

e. a place of pilgrimage

f. a giant punished by the gods

g. foolishly idealistic

h. harsh, punitive

i. to hypnotize

j. jolly, sociable

k. a giant of great strength

Resultado del ejercicio 1: _____

Ejercicio 2

Marca como cierto o falso las afirmaciones siguientes de acuerdo al significado de las palabras subrayadas.

_____ **11.** A <u>cynical</u> person would be suspicious of the motives of others.

_____ **12.** <u>Erotic</u> love is physical attraction.

_____ **13.** <u>Gerrymandering</u> involves adjusting the borders of voting districts.

_____ **14.** <u>Forensic</u> skills are needed by trial lawyers.

_____ **15.** A <u>maverick</u> is a party loyalist.

_____ **16.** A <u>narcissistic</u> person probably looks in the mirror often.

_____ **17.** <u>Bedlam</u> would be a good place to seek peace and quiet.

_____ **18.** Cooking smells would be <u>tantalizing</u> to a hungry man.

_____ **19.** A <u>maudlin</u> person is asking for sympathy but isn't likely to get it.

_____ **20.** A <u>masochist</u> always pursues pleasure and avoids pain.

Resultado del ejercicio 2: _____

Ejercicio 3

Escribe en el espacio en blanco la palabra que mejor se ajuste a la pista de contexto dado.

21. A _____, a society with an ideal way of life, is a dream, not a reality.

22. The _____ man always wanted other people to take his picture.

23. He was a medical _____. He refused to follow the dictates of the hospital when treating critically ill patients.

24. Though she personally was quite upbeat and optimistic, her writing was full of _____ sentiments of death and loss.

25. His quick brush with fame _____ him and compelled him to work even harder.

26. "Why do you stay in these abusive relationships?" he said. "You must be a real _____."

27. The football coach was a real _____ to the young men on his team. He spent a great deal of time offering them guidance and wise counsel.

28. This state's policy of "zero tolerance" toward criminals strikes some as _____.

29. Bill Gates is often considered a _____ in the computer industry. His company's giant presence dwarfs the competition.

30. He had become _____ in his old age. He distrusted the motives of most people with whom he came in contact.

Resultado del ejercicio 3: _____

▶ Ejercicio final

Escoge cinco palabras de la lista de hoy y escribe unas oraciones con cada una en el espacio de abajo. Al escribir tus oraciones, trata de incluir todas las pistas de contexto y trata de identificar qué clase de pista has usado. Escribe las otras en tarjetas con su definición y añádelas a tu lista general de palabras.

_____

_____

_____

_____

_____

Consulta tu lista de vocabulario. Escoge cinco palabras que te presentan problemas y escribe oraciones con las pistas por contraste, por ejemplo y por reafirmación.

Usa todas las palabras posibles de esta semana en tu conversación y en tu escritura.

▶ **Respuestas**

Ejercicio 1	Ejercicio 2	Ejercicio 3
1. j	11. true	21. utopia
2. h	12. true	22. narcissistic
3. g	13. true	23. maverick
4. b	14. true	24. maudlin
5. i	15. false	25. tantalized
6. c	16. true	26. masochist
7. d	17. false	27. mentor
8. k	18. true	28. draconian
9. a	19. true	29. titan
10. e	20. false	30. cynical

9 ▶ Palabras del mundo de trabajo

SUMARIO DE LA LECCIÓN

Esta lección y la siguiente se enfocan en estrategias para aprender nuevas palabras que te ayudarán en el mundo de trabajo. La lista de palabras de hoy incluye términos que se usan en todo tipo de lugares de trabajo.

S ER PARTE DE LA FUERZA de trabajo de hoy significa encontrarse con nuevas palabras todo el tiempo. El mantener una terminología extensa llevará al máximo tu poder de escucha y te satisfará en tu trabajo. Esta lección se enfoca en términos generales asociados con empleos, mientras que la lección 10 presenta términos de la nueva tecnología emergente que todos los trabajadores deben aprender para participar íntimamente en la economía actual.

▶ Trabajar con la lista de palabras

Por sonido y de vista

¿Cuántas palabras identificas por vista o de sonido?

arbitrage	*AR-bit-traj*
arbitration	*ar-bi-TRAY-shun*
beneficiary	*ben-uh-FI-shee-air-ee*
capital	*KAP-i-tul*
consortium	*kun-SOR-shum*
deduction	*de-DUCK-shun*
discrimination	*dis-krim-uh-NAY-shun*
entitlement	*en-TIE-tul-ment*
entrepreneur	*en-truh-pruh-NOOR*
equity	*EK-wi-tee*
exempt	*eg-ZEMPT*
fiscal	*FIS-cul*
franchise	*FRAN-chize*
harassment	*huh-RASS-ment*
jargon	*JAR-gun*
nepotism	*NEP-uh-tiz-um*
perquisite	*PER-kwi-zit*
prospectus	*pruh-SPEK-tus*
subsidy	*SUB-si-dee*
tenure	*TEN-yoor*

Número de palabras que sabes por sonido o de vista:

_____

Por contexto

Ahora interpreta las palabras en su contexto.

To look at the workplaces of many Americans today is to see a number of serious problems. Private industry has been marked by **fiscal** mismanagement that has threatened the financial well-being of many large companies. Government **subsidies**, monies that support smaller enterprises, have been vastly curtailed.

Many workers still face **discrimination** in workplaces that choose not to hire or promote on the basis of sex, skin color, or ethnic background. Many public employment arenas have been accused of **nepotism**, in which workers related to persons in authority are given preference in hiring. The high cost of expensive **perquisites** ("perks") has led to many industries eliminating the special privileges accorded their executives. Men and women alike have faced sexual **harassment** at their jobs. This kind of intimidation has been threatening to workers who feel that they must give into the demands of their employers or lose their jobs. Even **tenured** faculty at colleges and universities are losing the security promised by their guarantee of permanent employment. The response to these problems has been in part a trend toward starting new businesses. This has created a whole new group of **entrepreneurs** who seek to organize and promote new ventures and often provide the **capital**, or start-up money, for that purpose.

Aquí el resto de las palabras se usan en oraciones que contienen pistas de contexto. Al lado de cada oración, identifica el tipo de pista: reafirmación (R), contraste (C), ejemplo (E), o definición (D).

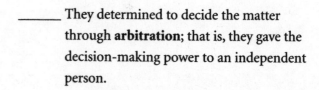

_____ He is the sole **beneficiary** of her estate. He will be given all the property when the old woman dies.

_____ They determined to decide the matter through **arbitration**; that is, they gave the decision-making power to an independent person.

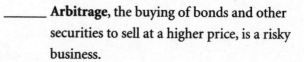

_____ **Arbitrage**, the buying of bonds and other securities to sell at a higher price, is a risky business.

_____ The joining of the three companies into one made for a powerful **consortium** that would dominate the industry.

_____ Restaurants like McDonald's and Burger King are **franchises** because they are allowed to operate under rules set out by the parent company.

_____ He took his children as tax **deductions** so that he could subtract the cost of their care from his taxes.

_____ The company published a **prospectus** to offer details of its plan for expansion. This plan offers potential investors pertinent information about the plan and the company.

_____ Though she was accused of being unfair in her demands, she claimed she only wanted **equity** in what was owed her.

_____ She was **exempt** from duty that day. She was excused because she had been injured.

_____ She felt that transportation money was an **entitlement**, something that was hers by right.

_____ Learning the **jargon**, or language, of a particular interest or job is an important part of learning about the workplace.

Número total de palabras que conoces: _____

En una hoja separada, escribe tus propias definiciones para cada palabra en la lista.

Definiciones

Compara las definiciones que escribiste con las definiciones de abajo. También hay una explicación del origen de los nombres de las palabras.

arbitrage: the buying of "paper"—stocks, bonds, and securities—to resell for a quick profit

arbitration: the process by which disputes are settled by a third party

beneficiary: one who will benefit from something

capital: accumulated wealth, used to gain more wealth

consortium: a joining of two or more businesses for a specific purpose

deduction: the subtraction of a cost from income

discrimination: the act of making distinctions in treatment between one group of people and another

entitlement: special privilege or benefit allowed to a group of people

entrepreneur: a businessperson whose special interest is in starting new companies

equity: fairness or evenness of treatment, or the value of property after all claims have been made against it

exempt: excused from some rule or job

fiscal: pertaining to money or finance

franchise: a business that is owned by a parent company but run by independent operators under rules set by the parent company

harassment: coercion or undue pressure

jargon: the specialized vocabulary of an industry or interest group

nepotism: the employment or promotion of friends and family members

perquisite: a privilege or bonus given in addition to regular salary

prospectus: a published report of a business and its plans for a program or offering

subsidy: a grant of money for a particular purpose

tenure: the state or period of holding a particular position, or a guarantee of employment to teachers who have met particular standards

► Práctica

Completa los ejercicios 1 y 2 de abajo. Compara tus respuestas con las respuestas correctas ubicadas al final de la lección. Si tu resultado fue del 80 por ciento en ambos ejercicios, ve inmediatamente al Examen de Práctica. Pero si fue menor del 80 por ciento, haz el ejercicio 3 de abajo para práctica adicional.

Ejercicio 1

Asigna la definición correcta para la primera columna utilizando las palabras de la segunda columna.

_____ **1.** tenure

_____ **2.** jargon

_____ **3.** harassment

_____ **4.** deduction

_____ **5.** exempt

_____ **6.** perquisite

_____ **7.** subsidy

_____ **8.** franchise

_____ **9.** equity

_____ **10.** entitlement

a. excused from

b. special privilege

c. financial support

d. a subtraction from the total

e. undue pressure

f. an addition to the total

g. benefits given to a particular group

h. fairness

i. state or term of employment

j. the language of a trade or job

k. a business owned by a parent company

Resultado del ejercicio 1: _____

Ejercicio 2

Marca como cierto o falso las afirmaciones siguientes de acuerdo al significado de las palabras subrayadas.

_____ **11.** <u>Discrimination</u> allows for fair hiring of all applicants.

_____ **12.** A <u>consortium</u> allows businesses to join together in the marketplace.

_____ **13.** The purpose of a <u>prospectus</u> is to explain the past history of a company.

_____ **14.** A <u>beneficiary</u> would gain nothing on the death of a policy holder.

_____ **15.** An <u>entrepreneur</u> is an independent businessman.

_____ **16.** Relatives of current employees are less likely to benefit from <u>nepotism</u> than other job-seekers.

_____ **17.** <u>Arbitrage</u> involves the buying of securities for resale.

_____ **18.** In <u>arbitration</u>, disputes are settled by a disinterested third party.

_____ **19.** Every investment begins with a certain amount of <u>capital</u>.

_____ **20.** <u>Fiscal</u> transactions are financial in nature.

Resultado del ejercicio 2: _____

Ejercicio 3

Escribe en el espacio en blanco la palabra que mejor se ajuste a la pista de contexto dado con la lista de palabras de hoy.

21. Trade magazines and academic journals can seem filled with _____.

22. If you use an independent person to settle a dispute, you are using _____.

23. If you manage a store according to the rules of a parent company, you own a _____.

24. We would all like to be _____ from paying too many taxes.

25. Promotions often bring _____, or special privileges.

26. When a teacher is given a guarantee of permanent employment, she has _____.

27. _____ allow you to pay a smaller sum in taxes.

28. If you want information about a new offering by a company, you should read the _____.

29. If a boss subjects an employee to inappropriate pressure, the boss is guilty of _____.

30. The person who stands to gain from a bequest in a will is the _____.

Resultado del ejercicio 3: _____

Examen de práctica

Rodea con un círculo las palabras que completen correctamente las oraciones siguientes.

31. A teacher hopes to get (tenure/capital) to ensure his or her employment.

32. Many labor disputes are settled by (arbitrage/ arbitration).

33. Hiring or promoting relatives in a business is called (entitlement/nepotism).

34. A group of companies might join together to create a (franchise/consortium).

35. Special privileges enjoyed by a few employees are called (beneficiaries/perquisites).

36. When an employer takes unfair advantage of an employee, it is called (harassment/ discrimination).

37. When you seek to subtract an amount from the total, you are seeking (equity/a deduction).

38. When you seek financial support, you are looking for a(n) (exemption/subsidy).

39. The (prospectus/entrepreneur) is our model of the self-made man.

40. Little-known terms used in a workplace are called (fiscal/jargon).

▶ Ejercicio final

Escoge diez palabras de la lista de hoy. Escribe cinco oraciones en las líneas en blanco de abajo, incluyendo pistas de contexto cuando sea posible. Escribe las otras en tarjetas con su definición y añádelas a tu lista general de palabras. Tal vez quisieras escribir una oración con las pistas de contexto para demostrar el significado y la categoría gramatical.

_____

_____

_____

_____

_____

Consejos para la evaluación

Cuando tienes que escoger una palabra, de entre dos o más opciones, replantea la oración como una pregunta "cierto o falso" con cada opción que se te ofrece. Por ejemplo, en la pregunta 38 del Examen de Práctica, replantea la oración usando ambas opciones:

When you seek financial support, you are looking for a subsidy. True or false?

When you seek financial support, you are looking for an exemption. True or false?

¿Cuál tiene más sentido? También busca la palabra clave en la oración que te dará la pista para la opción correcta. En esta pregunta la palabra es *subsidy*.

Técnicas adquiridas

Busca las raíces, los prefijos y los sufijos que aprendiste en la lista de palabras del vocabulario de esta lección. Observa cómo se emplean en el significado de cada palabra.

Obtén una copia de un memorándum o carta de trabajo en tu empleo o selecciona un artículo de la sección de negocios del periódico. Trata de ubicar cinco palabras más que se relacionan con los negocios. Añádelas a tu lista de vocabulario u ortografía.

▶ Respuestas

Ejercicio 1	Ejercicio 2	Ejercicio 3	Examen de práctica
1. i	11. false	21. jargon	31. tenure
2. j	12. true	22. arbitration	32. arbitration
3. e	13. false	23. franchise	33. nepotism
4. d	14. false	24. exempt	34. consortium
5. a	15. true	25. perquisites	35. perquisites
6. b	16. false	26. tenure	36. harassment
7. c	17. true	27. Deductions	37. a deduction
8. k	18. true	28. prospectus	38. subsidy
9. h	19. true	29. harassment	39. entrepreneur
10. g	20. true	30. beneficiary	40. jargon

10 ▶ Palabras nuevas: vocabulario emergente

SUMARIO DE LECCIÓN

En esta lección se continuará el estudio del aprendizaje de nuevas palabras. Al terminar con todos los ejercicios del capítulo, te habrás familiarizado con términos que son relativamente nuevos en el idioma inglés. Conjuntamente con el desarrollo de la tecnología de computadoras y de comunicaciones, se ha introducido una nueva clase de palabras, muchas de las cuales se incluyen en la lista de hoy.

ASÍ COMO LOS LUGARES de trabajo cambian y se crecen alrededor de nosotros, nuestra lengua lo hace también. Todo el tiempo se introducen nuevas palabras. Muchas de las nuevas, por ejemplo, han sido creadas para la implementación de las nuevas tecnologías. Esta lección te ayudará a aprender algo de la nueva terminología que rodea esta esfera digital.

► Trabajar con la lista de palabras

Por sonido y de vista

Ve cuántos de estos términos reconoces al verlos o por la manera en que los pronuncias.

cursor	*KUR-ser*
cybernetics	*sy-ber-NET-iks*
database	*DAY-ta-base*
e-mail	*EE-mail*
hacker	*HAK-er*
hardware	*HARD-ware*
icon	*EYE-kon*
interface	*IN-ter-face*
Internet	*IN-ter-net*
modem	*MO-dem*
monitor	*MON-uh-ter*
mouse	*MOWS*
network	*NET-werk*
online	*ON-line/on-LINE*
peripherals	*puh-RIF-ur-elz*
software	*SOFT-ware*
spreadsheet	*SPRED-sheet*
user-friendly	*YOO-zer FREND-ly*
voicemail	*VOYS mail*
websites	*WEB sites*

Número de palabras que sabes por sonido y de vista:

_____

Por contexto

Ahora determina cuántas palabras puedes añadir a tu lista según su contexto.

To visit a computer superstore these days is to step into a dizzying world of **cybernetics** by way of computer applications unimagined even a generation ago. A dazzling array of **software** packages allows a huge choice of programs to load onto the home computer. Brightly colored screens on **monitors** invite the shopper to use a **mouse**, a **peripheral** that allows users to point to the operations they want to use on the computer. They can explore the **Internet**, an international system of computer networks, connected by means of a telephone device called a **modem** or through other means. Interested consumers can correspond electronically from their home computers by **e-mail** and organize accounts on a **spreadsheet** program that aids recordkeeping. It's part of the brave new world of computers—and the wave of the future for us all.

The industry had created a major **database** that held the information committed to its computer system.

He bought all the **hardware** he needed for his system, including a new hard drive.

He wanted his computer to **interface**, or connect and operate, with another system.

Her eyes followed the small blinking line, or **cursor**, that showed where new type was being entered on the computer screen.

The system had been invaded by a **hacker**, who used a computer to penetrate other computer systems and networks.

The new operating system offered an interesting array of **icons**, small pictures on the screen that represent applications or files.

He left a message on her **voicemail**, the only way of reaching her when she was away.

The sales representative assured him that the system was **user-friendly**, that is, easy to operate and understand.

The writer was able to use the entire **network** of computers that shared a database.

He was thrilled to be able to locate information on a **website**, one "page" among millions on the Internet's World Wide Web.

The teacher wanted her students to be **online** at their computers so that they could have direct access to the information available on the Internet.

Número total de palabras que conoces: _____

Definiciones

Abajo están las definiciones de la lista de palabras de hoy. Usa estas definiciones para el ejercicio siguiente.

cursor: the small blinking arrow or line that signals where your data or type will be entered on a computer monitor

cybernetics: the study of computer technology

database: information stored in a specific format, usually available to a user through a computer

e-mail: electronic mail, written communication sent from one computer to another

hacker: a person who uses computers recreationally and sometimes illegally for the purpose of invading other computer systems and networks

hardware: the physical components of a computer system, including screen, keyboard, central processing unit, and so on

icon: a small picture that identifies an application or file on a computer screen

interface: the way in which two systems come together to perform a joint function

Internet: a group of networks accessible to the user via modems; vast quantities of information are available through the Internet

modem: a modulator/demodulator, a device that allows signals from one computer to speak to another computer through telephone lines and thus go online

monitor: a video screen on which computer programs can be viewed

mouse: a pointing device that allows users to indicate on the screen what operation they want to perform

network: a group of computers linked through a shared communication code

online: having direct access to information through the computer, usually by being connected to a computer network

peripherals: devices connected to computers to allow additional functions: printers, pointing devices such as a mouse or touchpad, and modems

software: the programs that tell the computer what functions to perform

spreadsheet: a computer program that allows the user to enter and manipulate data, especially numbers

user-friendly: describes computer applications that are easy to learn and use

voicemail: a system that allows a telephone to take or leave messages electronically

website: a "location" on the part of the Internet known as the World Wide Web, which provides graphics and sound as well as text

► Práctica

Completa los ejercicios 1 y 2 de abajo. Compara tus respuestas con las respuestas correctas ubicadas al final de la lección. Si tu resultado fue del 80 por ciento en ambos ejercicios, ve inmediatamente al Examen de Práctica. Pero si fue menor del 80 por ciento, haz el ejercicio 3 de abajo para práctica adicional.

Ejercicio 1

Asigna la definición correcta para la primera columna utilizando las palabras de la segunda columna.

_____ 1. monitor

_____ 2. cursor

_____ 3. mouse

_____ 4. modem

_____ 5. icon

_____ 6. software

_____ 7. spreadsheet

_____ 8. voicemail

_____ 9. cybernetics

_____10. e-mail

a. electronic message device

b. software for using figures

c. programs that tell the computer what to do

d. electronic written communication

e. computer video screen

f. device that allows two computers to interact

g. pointing device

h. computer technology

i. design programs

j. picture that indicates a computer application

k. indicator of your place on the computer screen

Resultado del ejercicio 1: _____

Ejercicio 2

Marca como cierto o falso las afirmaciones siguientes de acuerdo al significado de las palabras subrayadas.

_____ 11. <u>User-friendly</u> computers scare away many potential users.

_____ 12. A <u>hacker</u> is a nickname for a professional computer engineer.

_____ 13. <u>Peripherals</u> can be used separately from the computer itself.

_____ 14. Computers communicate with each other through the <u>Internet</u>.

_____ 15. A computer <u>database</u> is a means of sorting and storing information.

_____ 16. Taken together, all the programs on a computer make up its <u>software</u>.

_____ 17. A computer does not have to be <u>online</u> to get or give information via the Internet.

_____ 18. <u>Hardware</u> refers to the programs available to load on the computer.

_____ 19. <u>Websites</u> are programs for engineers.

_____ 20. A company usually has a <u>network</u> of computers that share data.

Resultado del ejercicio 2:_____

Ejercicio 3

Escribe en el espacio en blanco la palabra o el término que mejor se ajuste con la lista de palabras de hoy.

21. A device that allows a computer to transfer information to another computer over telephone lines is called a(n) _____.

22. A pointing device that lets the user identify a particular application on a computer is a(n) _____.

23. Small pictures that indicate computer functions are _____.

24. You can use _____ to leave a message for someone electronically on the telephone.

25. Someone who illegally gains access to other people's information through a computer is called a _____.

26. The science of using computer technology to accomplish a communication or information goal is called _____.

27. A more technical name for the computer screen is _____.

28. A _____ is one useful format for storing and calculating figures.

29. Printers, keyboards, and other external devices connected to a central computer are called _____.

30. A group of networks that is accessible to users through a modem is called the _____.

Resultado del ejercicio 3: _____

▶ Ejercicio final

Escoge diez palabras o términos de la lista de hoy. Escribe cinco oraciones en las líneas de abajo.

_____

_____

_____

_____

_____

Escribe las otras en tarjetas con su definición y añádelas a tu lista general de palabras. En este punto, ya debes tener al menos 50 palabras en tu lista personal. ¡Pídele a un amigo que te haga una prueba con estas nuevas palabras!

Técnicas adquiridas

Muchas de las palabras en esta lección fueron definidas por contexto. Escribe oraciones que te den pistas por definición, contraste, ejemplo y reafirmación.

Explica para algunos de tus amigos que no entienden la tecnología de computadoras lo que significan estas palabras.

▶ Respuestas

Ejercicio 1	Ejercicio 2	Ejercicio 3
1. e	11. false	21. modem
2. k	12. false	22. mouse
3. g	13. false	23. icons
4. f	14. true	24. voicemail
5. j	15. true	25. hacker
6. c	16. true	26. cybernetics
7. b	17. false	27. monitor
8. a	18. false	28. spreadsheet
9. h	19. false	29. peripherals
10. d	20. true	30. Internet

11 ▶ Entender la ortografía

SUMARIO DE LA LECCIÓN

Esta lección te proporcionará algunas estrategias globales para mejorar tu ortografía al mostrarte cómo combinar diferentes recursos derivados de tus sentidos. También aprenderás las reglas y las excepciones que se aplican a las combinaciones *ie* y *ei*.

C OMO VISTE EN la sección de vocabulario de este libro, el idioma inglés es fonéticamente irregular generalmente. Si se escribieran las palabras solamente según su sonido, tendríamos algunas formas muy singulares de ortografía:

In the furst haf uv this buk wee lerned sum wayz to lurn noo wurds and to make them part uv our reeding, lisning, or speeking vokabyoolarryz.

Asimismo, cuando se enuncia cada palabra exactamente como está escrita, tenemos algunas pronunciaciones muy extrañas:

*In the second half of the book we will see how words (**wore**-dz?) require us to learn special (**spes-ee**-al?) techniques (techni-**cues**?) to help us see to it that we learn (l-**ear**-n?) to spell them accurately (aku-**rate**-ly?).*

El ojo y la oreja se influyen el uno al otro. Hay que usar sentidos diferentes en conjunto para aprender a deletrear con precisión.

▶ Aprender a deletrear

Aquí están algunos consejos generales y multisensoriales para estudiar la ortografía:

- **Utiliza los ojos.**
  Mira las palabras cuidadosamente. Con un marcador o una pluma, subraya las partes de las palabras difíciles para la comprensión. Visualiza la palabra con los ojos cerrados.
- **Utiliza las orejas.**
  Escucha los sonidos de palabras que escuches en conversaciones en la radio o la televisión. Escucha el sonido al deletrear palabras: pídele a alguien que te dicte y te deletree las palabras, y presta atención.
- **Utiliza las manos.**
  Escribe la palabra muchas veces, deletréala en tu cabeza al escribirla.

Pero hay dos obstáculos en este método. Una vez que nos damos cuenta de que el inglés es fonéticamente inconsistente y visualmente confuso, hay que considerar el hecho de los regionalismos, es decir, la variación entre regiones y su uso. En diferentes partes de los Estados Unidos, la gente pronuncia algunas palabras diferentes, generalmente de una manera demasiado difícil para poder escuchar y deletrear. Por ejemplo:

- En algunas partes del país, la palabra *asked* se pronuncia como *ast*. Especialmente en el Noreste del país, tú la escucharás pronunciar como *aksed*.
- En el Sur y otras regiones, mucha gente no pronuncia la g final en los finales *ing*; por lo tanto, escucharás *goin*, *startin*, *restin* y palabras semejantes.
- Algunas personas en el Norte pronuncian *th* como *d*; por lo tanto, tú escucharás *dese*, *dose* y *dem*.

Así pues, es difícil poner mucha fe en aprender a deletrear palabras escuchando su pronunciación solamente. Aquí están cuatro estrategias que pueden guiar tu camino y darte algunas maneras de desarrollar una buena ortografía como parte definitiva de tu vida.

1. **Aprende las reglas, pero espera algunas excepciones.** La lección siguiente presta mucha atención tanto a las reglas como a las excepciones para dificultades particulares de ortografía.
2. **Aprovéchate de recursos nemotécnicos (trucos de memoria) para ayudarte a recordar la ortografía de palabras desconocidas o confusas.** Por ejemplo, si aprendes mejor escuchando, elabora pistas auditivas con los sonidos de las palabras. Pero si aprendes mejor a través de la vista, utiliza señales visuales como el marcar algunas partes de las palabras con un color de tinta especial o con un marcador.
3. **Si no lo usas, lo pierdes.** Trata de usar la ortografía de cada palabra que aprendas en maneras significativas. Al escuchar las palabras, deletréalas en la mente. Cuando uses una palabra en tus conversaciones, trata de recordar como se escribe.
4. **Persevera.** Si la ortografía te era difícil en la escuela, no es problema. Como aprendes en edad adulta, cuentas con más ventajas: tienes más experiencias y eres más sabio, lo que significa que tienes una gran capacidad de almacenar nuevas palabras. Además de esto, ¡no tienes que tomar esos exámenes de ortografía cada viernes!

La lección de hoy aborda los viejos problemas ortográficos: palabras que contienen las combinaciones *-ie* o *-ei*.

▶ Palabras que usan *ie*

La regla

Cuando la combinación de la *ie* suena como *e* larga (*ee*), la regla que se aplica es aquélla que aprendiste en la escuela:

La *i* va delante de la *e*, excepto después de la *c*.

A continuación, mira estos ejemplos de palabras que incluyen *ie* en la escritura pero se pronuncian como *ee:*

achieve	fierce	retrieve
belief	frieze	series
bier	hygiene	siege
cashier	niece	wield
chief	piece	
fiend	relieve	

Las excepciones

Ésta no es una excepción, sino una regla nueva: Cuando la combinación suena como *ay* (la *a* larga), se escribe como *ei:* En la parte siguiente encontrarás también otra lista de palabras que utilizan la *ei.*

- La combinación *ie* puede representar otro sonido además de *ee:*
  Puede sonar como una *e* corta, como *friend.*
  Puede sonar como una *i* prolongada, como en *piety, fiery, quiet, notoriety, society, science.*
- Cuando la combinación de *ie* viene después de la *c*, suena como *sh*, como en *ancient, deficient, conscience.*

Trucos de memoria

Los trucos siguientes te ayudarán a recordar algunas palabras.

- Hay suficientes palabras con *ie* que riman y forman pares: *grief/belief, reprieve/relieve*, entre otras.
- La palabra *nice* está incrustada en la palabra *niece*. Piensa: *"I have a **nice** little **niece**."*
- La palabra *piece* tiene la palabra *pie* adentro. Piensa en *"**piece** of **pie**."*

En contexto

Puedes utilizar las palabras en su contexto para aprender de memoria su significado. Completa las oraciones siguientes con la letra correcta:

1. It was his bel__ __f that all people are created equal.
2. He saw a beautiful painted fr__ __ze decorating the Greek temple.
3. The cash__ __r took the money at the rear of the store.
4. He was afraid that she might w__ __ld the weapon in a threatening manner.
5. The body of the king rested on a b__ __r in the great hall.

▶ Palabras que usan la *ei*

Las reglas

Primero:

La *e* viene delante de la *i* en sonidos como *ay* in *neighbor* y *weigh*.

Aquí están algunos ejemplos de palabras con *ei* que tienen el sonido de una *a* prolongada:

deign	heinous	surveillance
eight	inveigh	veil
feign	reign	vein
feint	skein	weight
freight	sleigh	

Como aprendiste en la regla sobre el uso de la *ie*, después de la *c* se usa *ei*, aun si suena como *ee*: *ceiling, deceit, conceited, receive, receipt.*

Las excepciones

Tienes que aprender de memoria algunas de las palabras que incluyen la combinación *ei* en lugar de *ie*.

- En algunas palabras se usa *ei*, aun si suena como *ee*: *either, seize, weird, sheik, seizure, leisure.*
- Algunas veces *ei* suena como una *i* prolongada: *height, sleight, stein, seismology.*
- Algunas veces *ei* suena como una *e* corta: *heifer, their, foreign, forfeit.*

Trucos de memoria

Aquí tienes algunos trucos que te ayudarán a recordar palabras con *ei*:

- Trata de agrupar algunas palabras en oraciones en que las palabras están relacionadas por su significado. Por ejemplo, "The *conceited* girl tried to *deceive* her parents by preventing them from *receiving* her school report."
- Subraya la combinación *ei* con un marcador o una pluma. Esto te dará una pista visual.

En contexto

Usa las palabras en su contexto para recordar su ortografía. Esto te ayudará también a aprender nuevos significados de palabras desconocidas. Completa las oraciones siguientes con las letras correctas:

1. The officer and his partner kept close surv__ __llance on the abandoned house.
2. He had to f__ __gn ignorance of her dishonesty.
3. It was a h__ __nous crime that was on the front pages for weeks.
4. The candidate began to inv___ __gh against what she said were abuses of power in the legislature.
5. The movie star d__ __gned to sign an autograph for her adoring fans.

▶ Práctica

Ahora practica el deletreo de palabras con las combinaciones *ie* y *ei*. Escribe las respuestos 1 y 2 de abajo. Compara tus respuestas con las respuestas correctas ubicadas al final de la lección. Si tu resultado fue del 80 por ciento en ambos ejercicios, ve inmediatamente al Examen de Práctica.

Ejercicio 1

Completa correctamente las oraciones siguientes con *ie* o *ei*.

1. The bride wore a v__ __l that had been in her family for generations.

2. The horse-drawn sl__ __gh sped across the icy landscape.

3. He taught the dog to retr__ __ve the ball when he threw it across the lawn.

4. The scale reported that the man's w__ __ght was 160 pounds.

5. The cash __ __r gave him a rec__ __pt for his purchase.

6. He added a new fr__ __ght car to his model train layout.

7. The conquering army had the village under s__ __ge.

8. He fought a f__ __rce battle over parking tickets.

9. He needed __ __ght dollars to pay for his dry cleaning.

10. He received an award for his lifetime of ach__ __vement.

Resultado del ejercicio 1: _____

Ejercicio 2

De la lista de palabras del capítulo, escoge la palabra correcta para las oraciones siguientes.

11. The archeologists found _____ documents in the tomb.

12. In his _____ time the author likes to play tennis.

13. The teenager's chronic lying eventually weighed on his _____.

14. He enjoyed the peace and _____ of a Sunday afternoon.

15. He didn't enjoy the endless parties that seemed to be expected of those in high _____.

16. The farmer took his prize _____ to the market for sale.

17. In tears, she yelled, "I thought you were my _____!"

18. He said he wanted to go _____ to the movies or to a play.

19. Michael Jackson gained considerable _____ in the public mind after some lawsuits were brought against him.

20. He tried to _____ interest, but in reality he was bored with the lesson and wanted to leave.

Resultado del ejercicio 2: _____

Ejercicio 3

Marca con una *C* si la palabra subrayada está correctamente escrita o una *I* si se escribe incorrectamente. Si está ortográficamente incorrecta, escríbela correctamente en la línea que sigue.

_____ **21.** He had a beer <u>stien</u> that had belonged to his grandfather. _____

_____ **22.** He thought his sister's wardrobe from the thrift shop was just another one of her <u>wierd</u> ideas. _____

_____ **23.** The <u>ceiling</u> had long cracks that had appeared overnight. _____

_____ **24.** He committed a <u>hienous</u> crime and deserved to be punished. _____

_____ **25.** He suffered a brain <u>seizure</u> and was taken to the hospital. _____

_____ **26.** After many years of failure, Boston won the World <u>Series</u>. _____

_____ **27.** He set out to <u>achieve</u> great wealth, and he succeeded. _____

_____ **28.** The nurse administered a shot into the <u>vein</u> in his left arm. _____

_____ **29.** The magician used <u>slieght</u>-of-hand tricks to amaze his audience. _____

_____ **30.** Moving to a new city, he tried hard to befriend anyone he could. _____

Resultado del ejercicio 3: _____

Examen de práctica

Marca con un círculo la palabra entre paréntesis que esté escrita correctamente.

31. She took her (niece/neice) to the zoo on Saturday.

32. The agents were allowed to (sieze/seize) the narcotics at the border.

33. The doctor checked the baby's (hieght/height) and (weight/wieght).

34. Finding out he hadn't been infected was a huge (relief/releif).

35. The (reign/riegn) of Louis XIV lasted 72 years.

36. They gave the (cashier/casheir) the money for the bill.

37. They had the criminal under (surviellance/surveillance) for over six months.

38. The (frieze/freize) at the Parthenon in Greece is one of the most famous works of art known to man.

39. The colonists spoke first with the tribal (chief/cheif).

40. She believed him to be the (fiend/feind) who had stolen the old woman's inheritance.

▶ Ejercicio final

Escoge diez palabras de la lista de hoy que sean nuevas en tu vocabulario o que te sean difíciles de recordar. Escribe cinco de ellas, cinco veces en el espacio en blanco. Si no deletreas bien alguna palabra, escríbela en una tarjeta y estúdiala diariamente.

_____

_____

_____

_____

_____

Técnicas adquiridas

El deletrear en mente como práctica es buena estrategia. Escoge las palabras más complicadas y míralas fijamente por un rato, separadamente. Imagínate cada letra de las palabras pisando fuera de tu libro. La próxima vez que escribas la palabra, el cerebro deberá reconocer si algo está mal, si tú la has escrito incorrectamente, porque la imagen visual en tu cabeza no será igual a la del papel.

Pon atención especial a la ortografía de las palabras cuando las estás leyendo diaria o semanalmente. Si te encuentras con una palabra con *ie* o *ei,* trata de recordarla en tu memoria. Escríbela varias veces. Pronúnciala e iguálala con las reglas que rigen su ortografía.

▶ Respuestas

Ejercicio 1	Ejercicio 2	Ejercicio 3	Examen de práctica
1. veil	11. ancient	21. I, stein	31. niece
2. sleigh	12. leisure	22. I, weird	32. seize
3. retrieve	13. conscience	23. C	33. height, weight
4. weight	14. quiet	24. I, heinous	34. relief
5. cashier, receipt	15. society	25. C	35. reign
6. freight	16. heifer	26. C	36. cashier
7. siege	17. friend	27. C	37. surveillance
8. fierce	18. either	28. C	38. frieze
9. eight	19. notoriety	29. I, sleight	39. chief
10. achievement	20. feign	30. C	40. fiend

12▶ Vocales difíciles

SUMARIO DE LA LECCIÓN

Esta lección te enseñará tanto las estrategias para deletrear palabras que contienen varias vocales, como la importancia de incluir vocales mudas en tu escritura. También te ayudará a deletrear palabras homófonas, las que suenan iguales pero se escriben de otra manera.

L A LECCIÓN 11 empieza con la combinación de vocales más comunes que contienen *ie* y *ei*. Esta lección contiene más palabras con vocales combinadas que tal vez recuerdes con dificultad.

▶ Combinación de vocales

La regla

La regla fonética:

Cuando dos vocales están juntas, la primera está prolongada ("dice su propio nombre") y la segunda es muda.

Por ejemplo, en la palabra *reach*, tú escuchas una *e* prolongada, pero no la *a*. De la misma manera, si tú sabes pronunciar la palabra *caffeine*, tú tienes la certeza de pronunciarla correctamente, porque escuchas cómo el sonido de la *e* viene primero.

Si sabes el sonido que oyes, es probable que sea de la primera vocal. En los casos particulares de las combinaciones *ai, ui* y *ea*, como se muestra en los ejemplos siguientes, es la verdad. Sin embargo, verifica en la parte siguiente algunas excepciones de la *ai*.

Aquí tienes ejemplos de palabras con las combinaciones *ai, ui* y *ea* que utiliza el sonido de la primera vocal.

abstain	prevail	nuisance
acquaint	refrain	cheapen
chaise	traipse	conceal
paisley	juice	heal

Las excepciones

Hay muchas excepciones para esta regla, y sólo tendrás que recordarlas de vista, no por su sonido.

porcelain
beauty
healthy
hearse
hearty

Trucos de memoria

- Algunas personas ponen *ice* en *juice*. Por ejemplo: "*Juice* is cooler if you add *ice*."
- La palabra *heal* aparece en *healthy*. Por ejemplo: "The doctor will *heal* you and help you stay *healthy*."

En contexto

Ahora utiliza las palabras en su contexto para aprenderlas. Escribe las vocales que faltan en las palabras siguientes:

1. We had to tr__ __pse all over town to find the right shoes.

2. She lay on a ch__ __se longue on the terrace.

3. She was a great b__ __uty in her youth.

4. She decided that she would abst__ __n from voting since she had not been present for the discussion.

5. His tie had a p__ __sley pattern that was very attractive.

▶ Palabras con *ai* o *ia*

La regla

Puede ser difícil imaginar cuándo usar la *ai* y cuándo la *ia*. Aquí están las reglas que gobiernan la mayoría de palabras:

Cuando el par de vocales tienen un sonido que suena como (schwa) (or "uh") (por ejemplo, *captain*), utiliza la *ai*.

Cuando las vocales se oyen separadas (ejemplo, *genial*), usa *ia*.

Aquí están algunos ejemplos:

alleviate	chieftain	genial
brilliant	civilian	guardian
Britain	curtain	median
captain	familiar	menial
certain	fountain	villain

Las excepciones

- Algunas palabras combinan *t* o *c* con *ia* para formar un sonido como *sh*: *martial, beneficial, glacial, artificial*.

Trucos de memoria

- Deletrea *captain* o *refrain* en tu mente para recordar la *ai*.
- Elabora tarjetas de trabajo con la combinación de vocales en una columna. En otra, escribe algunos ejemplos de cada una.

En contexto

Escribe la *ai* y la *ia* en las oraciones siguientes para apoyar tu aprendizaje del uso de estas combinaciones.

1. She was promoted to the rank of capt__ __n.

2. He was a gen__ __l host and made everyone feel welcome.

3. He saw that the ring had an artific__ __l diamond in the center.

4. She thought she saw a famil__ __r face in the crowd.

5. He was cert__ __n that he had seen her somewhere.

▶ Palabras con vocales mudas

Un problema principal con el deletreo por sonido es que algunas vocales en ciertas palabras no pueden ser pronunciadas. Es fácil olvidar estas vocales en la ortografía. No existe regla para guiarte en la ortografía de estas palabras; tienes que usar algunos trucos de memoria y el contexto en que se encuentran las palabras. La lista siguiente incluye algunas de las palabras más comunes que pierden sus vocales en

su pronunciación. Las vocales mudas están en letras negritas para tu beneficio.

accidentally	chocolate	miniature
average	every	parliament
beverage	jewels	privilege
boundary	marriage	sophomore
carriage	mathematics	

Trucos para la memoria

Debido a que no existen reglas que gobiernen las palabras con vocales mudas, sólo te queda aprenderlas. Utiliza uno o ambos de los consejos siguientes, de acuerdo al que más trabaje para ti:

- Si aprendes mejor oyendo, pronuncia la letra muda en mente, cada vez que escribes las palabras. Por ejemplo, *soph-o-more* y *ev-er-y*.
- Si prefieres lo visual, escribe las palabras en tarjetas, pero utiliza otro color de tinta para las letras mudas.

En contexto

Aquí está tu primera prueba para aprender las palabras con vocales mudas. Añade las vocales faltantes a las palabras siguientes.

When Joseph was a soph__more in high school, his grades in math__matics dropped badly and his entire av__rage suffered. When his report card came, he was so upset that he accident__lly dropped his choc__late bev__rage all over the family's min__ature poodle and lost his TV priv__leges for a week.

▶ Palabras que suenan similares pero se escriben diferentes

Hay ciertas palabras confundidas fácilmente, porque son homófonas, es decir palabras de igual sonido pero de distinta ortografía. Muchas palabras así tienen sólo un cambio de vocal o en la combinación de éstas. No existen reglas en este respecto, pero puedes aprender dichas palabras con trucos y contexto.

Aquí están ejemplos de estas palabras:

affect/effect
altar/alter
bare/bear
coarse/course
dual/duel
heal/heel
led/lead
minor/miner
peal/peel
piece/peace
sheer/shear
stationery/stationary
weak/week

Si no estás seguro de las diferencias entre las palabras en estos pares, búscalas en el diccionario.

Trucos para la memoria

Algunas veces es bueno aprender cada palabra en términos del papel que desempeñará en cada oración. Frecuentemente las dos palabras en un par de palabras homófonas funcionan en diferentes partes del discurso.

■ He led a **dual** (*adjective*) life as a spy.
He fought a **duel** (*noun*) with his great enemy.

■ He had to **alter** (*verb*) his clothes after he lost weight.
The bride smiled as she walked toward the **altar** (*noun*).

■ His words had a great **effect** (*noun*) on me.
The test score will not **affect** (*verb*) your final grade.

En contexto

Debido al hecho de que el significado de cada palabra homófona es diferente, el contexto es de gran ayuda para aprender su ortografía. Rodea con un círculo la palabra que pertenezca a cada una de las oraciones siguientes.

1. He felt (week/weak) after losing so much blood.

2. I can't (bare/bear) to leave the house looking like this.

3. He couldn't drink alcohol because he was a (miner/minor).

4. He had to (peel/peal) five pounds of potatoes for dinner.

5. There were (shear/sheer) curtains hanging on the window.

(Respuestas: weak, bear, minor, peel, sheer)

▶ Práctica

Ahora practica la ortografía de la lista de hoy. Completa los ejercicíos 1 y 2 y compara tus respuestas al final de esta lección. Si tu resultado es menos del 80 por ciento en cualquiera de los ejercicios, haz el ejercicio 3 para práctica adicional.

Ejercicio 1

Inserta las letras faltantes en las palabras siguientes.

1. It became a n__ __sance to have to drive five miles to the nearest store.

2. He gave his fiancee many beautiful jew__ls during their courtship.

3. He didn't want to ch__ __pen the effect by adding extra decorations.

4. She was elected to parl__ __ment before she was 40 years old.

5. The elderly butler said it was a priv__lege to work for such a distinquished family.

6. There was no need to conc__ __l his emotions any longer.

7. Only juniors and seniors are admitted to the event; no soph__mores may attend.

8. The porcel__ __n vase was of museum quality.

9. She grew min__ __ture roses for the flower show.

10. She accident__lly fell over the antique chair in the foyer.

Resultado del ejercicio 1: _____

Ejercicio 2

Rodea con un círculo la palabra escrita correctamente que está entre paréntesis, para cada una de las oraciones siguientes.

11. He ordered a cold (beverage/beverege) after dinner.

12. He studied (mathmatics/mathematics) in college.

13. A (hearse/hurse) went by carrying the body of the prime minister.

14. The metal sculpture had a certain rough (beuty/beauty).

15. In old cartoons, characters would often slip on banana (peels/peals) and fall down.

16. The campers had to steer clear of (bares/bears) at all costs.

17. His back needed to (heal/heel) before he could return to work.

18. She took a (coarse/course) in first aid with the Red Cross.

19. He rode a (stationary/stationery) bike for exercise.

20. All she wanted was one (peace/piece) of cake, but she got three.

Resultado del ejercicio 2: _____

Ejercicio 3

Marca con una *C* si la ortografía de la palabra subrayada es correcta o con una *I* si es incorrecta. Si es incorrecta, deletréala en la línea.

_____ **21.** He took a <u>coarse</u> in auto repair.
_____

_____ **22.** Neapolitan ice cream includes vanilla, strawberry, and <u>chocolate</u>.
_____

_____ **23.** She said that the secret to a happy <u>marrage</u> is compromise. _____

_____ **24.** He fought a <u>dual</u> for the love of the fair maiden. _____

_____ **25.** His illness made it necessary to <u>abstain</u> from liquor. _____

_____ **26.** His <u>shear</u> ignorance made conversation extremely difficult. _____

_____ **27.** The <u>minor</u> worked long hours underground for low pay.
_____

_____ **28.** She had a <u>hearty</u> laugh that rang through the crowded room.
_____

_____ **29.** She bought an automatic <u>jiucer</u> for her cousin's birthday. _____

_____ **30.** She was a <u>mathmatics</u> major in college.
_____

Resultado del ejercicio 3: _____

► Ejercicio final

Escoge diez palabras que sean nuevas en tu vocabulario o que recuerdes con dificultad. Escribe cinco de ellas en oraciones en las líneas de abajo. Escribe las demás en tarjetas de trabajo y añádelas a tu lista general de palabras.

_____

_____

_____

_____

_____

Técnicas adquiridas

Escribe unas oraciones que te ayuden a recordar los diferentes significados y la ortografía de palabras homófonas en esta lección. Por ejemplo: I felt *weak* all *week* from the flu.

Presta mucha atención a la ortografía de las palabras cuando las estudies diaria y semanalmente. Cuando te encuentres con una palabra con *ia* o *ai,* vocales mudas o palabras homófonas, fíjate en la palabra. Visualiza su ortografía y su significado en tu memoria. Escríbela muchas veces. Pronúncialas y ubícalas todas con las reglas que rigen su ortografía.

▶ Respuestas

Ejercicio 1

1. nuisance
2. jewels
3. cheapen
4. parliament
5. privilege
6. conceal
7. sophomores
8. porcelain
9. miniature
10. accidentally

Ejercicio 2

11. beverage
12. mathematics
13. hearse
14. beauty
15. peels
16. bears
17. heal
18. course
19. stationary
20. piece

Ejercicio 3

21. I, course
22. C
23. I, marriage
24. I, duel
25. C
26. I, sheer
27. I, miner
28. C
29. I, juicer
30. I, mathematics

13▶ Consonantes difíciles

SUMARIO DE LA LECCIÓN

Esta lección se enfoca en problemas de ortografía relacíonados con consonantes. Te enseña a deletrear palabras con consonantes mudas, con dobles consonantes y consonantes que a veces suenan como otras consonantes.

EN LAS LECCIONES 11 y 12 se trataba de vocales y combinaciones de vocales que comúnmente se confunden o se emplean mal. Debes haber dejado esos capítulos más asegurado de tu ortografía. Esta lección presenta el reto de convertirte en un maestro de la ortografía, aprendiendo las reglas que rigen a consonantes difíciles.

▶ Consonantes mudas

Muchas palabras en inglés tienen consonantes mudas, es decir, que se escriben, pero que no se pronuncian. No hay reglas que las gobiernen, sólo tienes que aprenderlas de vista. En la página siguiente encontrarás algunos ejemplos comunes, con las vocales mudas en letras negritas.

answer	gnaw	pseudonym
autumn	indict	psychology
blight	kneel	rhetorical
calm	knight	subtle
debt	knowledge	through
ghost	often	write
gnarled	psalm	

Trucos de memoria

Usa señales con sonido, con signos o ambos para apoyar tu aprendizaje.

- Pronuncia las vocales mudas en mente al escribirlas. Di, por ejemplo, *subtle* y *often*.
- Escribe las palabras en tarjetas de trabajo y subraya el sonido de las consonantes faltantes.

En contexto

Aquí están algunas oraciones que te ayudarán a aprender las palabras en su contexto. Con la ayuda de la lista siguiente, inserta la letra faltante en cada palabra.

1. The dog likes to __naw on the bone in the backyard.

2. He wanted to pay his de__t to society.

3. He looked as though he might have seen a g__ost.

4. He wanted to study __sychology in college.

5. She thought that autum__ was the loveliest time of the year.

▶ Dobles consonantes

Muchas veces una consonante final es agregada o duplicada cuando tú agregas el sufijo *-ing*. *Drop* se convierte en *dropping*; *mop* se convierte en *mopping*; *stab* se convierte en *stabbing*.

La regla

Hay dos conjuntos de reglas: una para cuando se añade un sufijo que empieza con una vocal (*-ed, -ing, -ance, -ence, -ant*) y otro para los sufijos que empiezan con una consonante (*-ness* o *-ly*).

1. Cuando el sufijo empieza con una vocal:

    Duplica la última consonante en palabras con una sola sílaba que terminan con una sola vocal y una consonante. Por ejemplo, *flip* se convierte en *flipper* o *flipping*; *quit* se convierte en *quitter* o *quitting*; *clap* se convierte en *clapper* o *clapping*.

    Duplica la consonante final cuando la última sílaba está acentuada y hay solamente una consonante en la sílaba acentuada. Por ejemplo, *acquit* se convierte en *acquitting*; *refer* se convierte en *referring*; y *commit* se convierte en *committing*.

2. Cuando el sufijo empieza con una consonante:

    Mantén una *n* al final cuando añades -ness. Produces una doble *n*: keenness, leanness.

    Mantén una *l* al final cuando añades -ly. Produces una doble *l*: formally, regally, legally.

En otros casos no se duplican las consonantes.

Las excepciones

Por encima de estas reglas existen sus excepciones, pero no hay muchas. Aquí están algunas:

- *Bus* se convierte en *buses.*
- *Chagrin* se convierte en *chagrined.*
- *Draw* se convierte en *drawing.*

En contexto

Con la ayuda de las reglas de arriba, añade *-ed, -ing, -ness,* o *-ly* a las palabras de abajo. Duplica las consonantes si es necesario. Las respuestas se ubican al fin del ejercicio.

1. He was strum_____ on the guitar on the back porch.

2. He wanted to go camp_____ down by the lake.

3. She excel_____ at math and science.

4. He set the valuable vase down very careful_____.

5. The model was known for her extraordinary thin_____.

(Respuestas: strumming, camping, excelled, carefully, thinness)

▶ Problemas con algunas consonantes: *c* y *g*

Las letras *c* y *g* ofrecen un reto especial en su ortografía vía sonido o de vista.

Las reglas

Las letras *c* y *g* pueden tener sonidos suaves o fuertes; depende de la palabra. Cuando la *c* es suave, suena como *s*; cuando es dura, suena como *k*. Cuando la *g* es suave, suena como *j*; pero cuando es fuerte, suena como *g* como en *guess*. Pero la diferencia no es tan confuso de lo que parece al principio.

Las letras *c* y *g* son suaves cuando están enfrente de una *e*, *i* o *y*. Fuera de esto suenan fuertes.

Por consiguiente *c* suena como *s* cuando después hay una *e*, *i* o *y* como en *central, circle, cycle*. Y suena como *k* cuando después hay otras vocales como *case, cousin, current*.

¡Escucha!

Ten cuidado: Duplicar una consonante puede cambiar la palabra en algo diferente, con diferente significado.

- *Planning* es diferente de *planing.*
- *Scrapping* es diferente de *scraping.*
- *Pinning* es diferente de *pining.*

Después de duplicar una consonante, mírala y pronúnciala. ¿Tienes el significado que tú querías?

Esto también significa que *g* suena como *j* cuando después hay una *e, i* o *y* como en *genius, giant, gym.* Cuando después hay otras vocales, la *g* suena fuerte: *gamble, go, gun.*

Una correlación para la pronunciación suave o fuerte de la *c* es ésta:

Una *k* se añade al final de una *c* antes de que su final empiece con una *e, i,* o una *y.*

Si no se añadiera la *k,* la *c* llegaría a ser suave y sonaría como *s.* Por lo tanto, para añadir *-ing,* a la palabra *panic,* por ejemplo, hay que poner una *k* al principio: *panicking.*

Aquí hay unos ejemplos de palabras en las cuales *e, i,* o *y* emiten un sonido suave de la *c* o la *g:*

centimeter	general
centrifuge	generous
circulate	genteel
circus	germ
cyclical	giraffe
cymbal	gyrate

Aquí hay unos ejemplos de palabras en que se añade una *k* a la *c* antes de que el final empiece con *e, i,* o *y:*

mimicking	picnicked
panicky	trafficking

Trucos de memoria

Virtualmente no existen excepciones para las reglas que rigen a la *c* y la *g.* Escucha las palabras con cuidado y trata de aplicar las reglas apropiadamente.

En contexto

Usando la lista de abajo, añade la letra que falta a las palabras siguientes:

1. The crashing of the c__mbal made them all pay attention.

2. He was a g__nerous man who gave willingly of what he had.

3. He was arrested for traffic__ing in drugs.

4. The g__neral ordered the troops into battle.

5. The fan helped to c__rculate the air.

▶ Palabras homófonas y similares

Algunas palabras son de igual sonido pero de distinta ortografía con pequeños cambios en las consonantes:

- **bloc** (noun meaning *group, coalition*)
  block (verb meaning *stop, hinder* or noun meaning *a square*)
- **cite** (verb meaning *quote or mention*)
  site (noun meaning *place*)
  sight (noun having to do with seeing)
- **cord** (noun meaning *thin rope*)
  chord (noun referring to a set of musical notes)
- **dessert** (noun meaning *what you eat after dinner*)
  desert (verb meaning *abandon*)
- **passed** (verb, the past tense of *pass*)
  past (noun or adjective referring to time before)
- **write** (verb having to do with putting words on paper)
  right (adjective meaning *correct*)

Otras palabras suenan casi iguales pero significan algo diferente y contienen consonantes diferentes:

- **advise** (verb, rhymes with *wise*)
  advice (noun, rhymes with *ice*)
- **devise** (verb, rhymes with *wise*)
  device (noun, rhymes with *ice*)
- **dissent** (noun meaning *disagreement*)
  descent (noun having to do with going down)
- **later** (adverb meaning *at a future time*)
  latter (adjective meaning *not the first*)

Una vez más, no existen reglas para ayudarte aquí, pero puedes aprender las palabras a través de trucos de memoria y el contexto en que se encuentran.

Trucos de memoria

Sólo tienes que recordar estas palabras usando lo siguiente:

- Escribe muchos pares de palabras homófonas en tarjetas, sean juntas o separadas. Mézclalas y ponlas boca abajo sobre una mesa. Pídele a alguien que juegue contigo para igualar y encontrar los pares de palabras homófonas.
- Recuerda que las palabras homófonas generalmente corresponden a distintas categorías gramaticales. Fíjate en su papel en la oración para comprender su significado.

En contexto

Debido a que las palabras homófonas tienen diferente significado, el contexto puede ser de gran ayuda para definir adecuadamente una palabra. Rodea con un círculo la palabra homófona correcta en las oraciones siguientes. Las respuestas están al final de las oraciones.

1. Can you (advise/advice) me as to what to do?

2. We ate a delicious (desert/dessert) at her house last night.

3. He invented a clever (devise/device) that would help him reach goods on high shelves.

4. A year (passed/past) before we knew what had happened to our friends.

5. He wanted to go (latter/later), but we all voted to leave immediately.

(Respuestas: advise, dessert, device, passed, later)

▶ Práctica

Ahora practica la ortografía de la lista de hoy. Completa los ejercicios 1, 2, 3 y compara tus respuestas al final de esta lección. Si tu resultado es menos del 80 por ciento en cualquiera de los ejercicios, haz el ejercicio 4 para práctica adicional, pero si fue mejor, completa el Examen de Práctica.

Ejercicio 1

Este ejercicio tiene que ver con las consonantes mudas. Inserta la letra faltante en las palabras siguientes.

1. __night

2. ans__er

3. de__t

4. __narled

5. indi__t

6. __salm

7. su__tle

8. g__ost

9. of__en

10. autum__

Resultado del ejercicio 1: _____

Ejercicio 2

Este ejercicio se enfoca en las consonantes dobles. Escoge el sufijo apropiado para cada palabra: *-ed*, *-ing*, *-ness* o *-ly*. Escribe de nuevo las palabras siguientes duplicando las consonantes si es necesario.

11. final _____

12. submit _____

13. think _____

14. roam _____

15. control _____

16. plain _____

17. rebel (v) _____

18. throb _____

19. legal _____

20. rain (v) _____

Resultado del ejercicio 2: _____

Ejercicio 3

Este ejercicio tiene que ver con palabras homófonas. Rodea con un círculo la palabra correcta para cada una de las frases siguientes.

21. a historic (cite/site)

22. a voting (bloc/block)

23. speak, read, and (write/right)

24. a telephone (cord/chord)

25. see you (latter/later)

26. sometime in the (passed/past)

27. the airplane's (dissent/descent)

28. to (device/devise) a new method

29. a fattening (dessert/desert)

30. to give good (advise/advice)

Resultado del ejercicio 3: _____

Ejercicio 4

Marca con una *C* para indicar que es correcta o con una *I* para señalar que es incorrecta la manera en que están escritas las palabras. Escríbelas correctamente en las líneas siguientes.

_____ **31.** She was a genteel woman of great refinement. _____

_____ **32.** There was a sutle hint of autum in the air. _____ _____

_____ **33.** He was a dedicated soldier and did not want to dessert his post. _____

_____ **34.** The musicians helped the drummer set up his symbols. _____

_____ **35.** He visited the building cite several times a week. _____

_____ **36.** He was transferred to another job last week. _____

_____ **37.** He wrote songs and poems of unrequited love. _____

_____ **38.** He was planing to go home after work. _____

_____ **39.** He strumed a cord on his guitar to get everyone's attention. _____ _____

_____ **40.** His meanness was legendary in the company. _____

Resultado del ejercicio 4: _____

Examen de práctica

Marca con un círculo la letra de las palabras siguientes que está correctamente escrita.

41. **a.** curculate
   b. circulate
   c. cercullate
   d. circulat

42. **a.** traficking
   b. trafficing
   c. traficing
   d. trafficking

43. **a.** pseudonym
   b. pseudonim
   c. pseudonymn
   d. psuedonym

44. **a.** girate
   b. gyrate
   c. jirate
   d. jyrate

45. **a.** retorical
   b. rhetorikal
   c. rhetorical
   d. retorecle

46. **a.** anser
   b. answer
   c. answir
   d. ansur

47. **a.** drawwing
   b. drauing
   c. drawing
   d. draweng

48. **a.** lableing
   b. labulling
   c. labeling
   d. labiling

49. **a.** genoside
   b. genocied
   c. jenocide
   d. genocide

50. **a.** genaris
   b. generus
   c. genarous
   d. generous

► Ejercicio final

Escoge diez palabras de esta lección que no sabías o que todavía escribes con dificultad. Escribe cinco de ellas en los espacios de abajo y por las demás en tus tarjetas de trabajo.

_____

_____

_____

_____

_____

Técnicas adquiridas

Sugiere algunas oraciones que te ayuden a recordar los diferentes significados y la ortografía de las palabras homófonas de esta lección. Por ejemplo: I won't *desert* the table until I get *dessert*.

Presta mucha atención a la ortografía de las palabras cuando las estudies diaria y semanalmente. Observa cómo funcionan las palabras cuando llevan sufijo. Pasa el tiempo necesario aprendiendo la ortografía y el significado de dichas palabras. Escríbelas muchas veces. Pronúncialas y compáralas con las reglas que las rigen.

▶ Respuestas

Ejercicio 1

1. knight
2. answer
3. debt
4. gnarled
5. indict
6. psalm
7. subtle
8. ghost
9. often
10. autumn

Ejercicio 2

11. finally
12. submitting, submitted
13. thinking
14. roaming, roamed
15. controlling, controlled
16. plainness
17. rebelling, rebelled
18. throbbing, throbbed
19. legally
20. raining, rained

Ejercicio 3

21. site
22. bloc
23. write
24. cord
25. later
26. past
27. descent
28. devise
29. dessert
30. advice

Ejercicio 4

31. C
32. I, subtle, autumn
33. I, desert
34. I, cymbals
35. I, site
36. C
37. C
38. I, planning
39. I, strummed, chord
40. C

Examen de práctica

41. b
42. d
43. a
44. b
45. c
46. b
47. c
48. c
49. d
50. d

14 ▶ Terminaciones difíciles

SUMARIO DE LA LECCIÓN

Esta lección te enséna a mantener o eliminar la letra e al final y cuando se agrega un sufijo.

EL FINAL DE LAS PALABRAS siempre presenta dificultades de ortografía. Es difícil recordar cuándo mantener o suprimir letras. Esta lección establece algunas reglas sencíllas para ayudarte a decidir qué hacer.

▶ Cuando suprimir una *e* del final

Hay dos reglas que te indican cuándo suprimir una e del final o cuándo añadir un sufijo.

Regla 1

Suprime la *e* final cuando añades un final que comienza con una vocal.

Aquí hay unos ejemplos de palabras gobernadas por esta regla:

- Con -*ing*
  change + -*ing* = *changing*
  receive + -*ing* = *receiving*
  surprise + -*ing* = *surprising*

- Con *-able*

  argue + -able = arguable

  desire + -able = desirable

  erase + -able = erasable

- Con *-ous*

  grieve + -ous = grievous

  pore + -ous = porous

  virtue + -ous = virtuous

- Con *-ity*

  intense + -ity = intensity

  opportune + -ity = opportunity

  scarce + -ity = scarcity

Las excepciones

- Mantén la *e* final después de una *c* o *g* suave para mantener un sonido suave.

  peace + -able = peaceable

  advantage + -ous = advantageous

  courage + -ous = courageous

  outrage + -ous = outrageous

- Mantén la *e* al final cuando necesitas evitar cambios de pronunciación.

  shoe + -ing = shoeing (not *shoing*)

  guarantee + -ing = guaranteeing (not *guaranteing*)

Trucos de memoria

La mejor manera de recordar estas palabras es pronunciarlas después de escribirlas. Si no suenan correctas, es probable que se escriban incorrectamente.

En contexto

Usa el contexto para recordar esta regla. Escribe las combinaciones siguientes manteniendo u omitiendo la *e* al final en las oraciones siguientes.

1. It was a (surprise + -ing) _____ ending.

2. The real estate agent said that the property would be very (desire + -able) _____ in the market.

3. The astronauts were remarkably (courage + -ous) _____ men and women.

4. The storm brought a (scarce + -ity) _____ of fresh food and electricity.

5. The Quakers are a (peace + -able) _____ people.

Regla 2

Mantén la *e* al final delante de cualquier sufijo que empiece con consonantes.

Aquí hay algunos ejemplos de palabras gobernadas por esta regla:

- Con *-ment*

  advertise + -ment = advertisement

  amuse + -ment = amusement

  enforce + -ment = enforcement

- Con *-ness*

  appropriate + -ness = appropriateness

  fierce + -ness = fierceness

  polite + -ness = politeness

- Con *-less*

  care + -less = careless

  sense + -less = senseless

  tire + -less = tireless

- Con *-ful*

  disgrace + -ful = disgraceful

  grace + -ful = graceful

  shame + -ful = shameful

Las excepciones

No hay excepciones importantes, pero:

- Quita la *e* final cuando una *u* o *w* se usa en la palabra.
  argue + -ment = argument
  awe + -ful = awful
  true + -ly = truly

En contexto

Usa el contexto para recordar la regla y su excepción. Escribe de nuevo las palabras con sufijos en las oraciones siguientes.

1. He read a great (advertise + -ment) _____ in the paper today.

2. He had to learn not to be so (care + -less) _____ with his wallet.

3. He was known for his (polite + -ness) _____ and good manners.

4. They had an (argue + -ment) _____ on the phone.

5. He left the room in a (disgrace + -ful) _____ condition.

▶ Cuando mantener una *y* al final o cambiarla por una *i*

Regla 1

Cuando añades un sufijo a una palabra que termina con *y*, mantén la *y* solamente si la sigue una vocal.

En este momento no importa si el sufijo empieza con una vocal o una consonante. Siempre mantén la y si viene inmediatamente después de otra vocal. Aquí hay ejemplos:

- Con *-s*
  attorney + -s = attorneys
  chimney + -s = chimneys
- Con *-ed*
  delay + -ed = delayed
  play + -ed = played
- Con *-ing*
  cloy + -ing = cloying
  relay + -ing = relaying
- Con *-ance*
  annoy + -ance = annoyance
  convey + -ance = conveyance
- Con *-able*
  enjoy + -able = enjoyable
  employ + -able = employable

Las excepciones

Algunas palabras rompen la regla y cambian la *y* por una *i*.

- *Day* se convierte en *daily*.
- *Pay* se convierte en *paid*.
- *Say* se convierte en *said*.

En contexto

Usa el contexto para recordar la regla. Escribe las palabras con sus sufijos en los espacios siguientes.

1. We hired two (attorney + -s) _____ to handle the case.

2. She insisted on (relay + -ing) _____ the message to her father.

3. I found the movie very (enjoy + -able) _____.

4. The children were (play + -ing) _____ outdoors.

5. The mosquitos were a serious (annoy + -ance) _____.

Regla 2

Cuando añades un sufijo a una palabra que termina con una *y*, cambia la *y* por *i* si después hay una consonante.

No importa si el sufijo empieza con vocal o con consonante. Aquí hay algunos ejemplos:

- Con *-ful*
  beauty + -ful = beautiful
  mercy + -ful = merciful
  plenty + -ful = plentiful
- Con *-ness*
  busy + -ness = business
  dizzy + -ness = dizziness
  lonely + -ness = loneliness
- Con *-ly*
  angry + -ly = angrily
  busy + -ly = busily
  hearty + -ly = heartily
- Con *-es*
  comedy + -es = comedies
  hurry + -es = hurries
  salary + -es = salaries

Las excepciones

Aquí hay una excepción notable a la regla:

- Cuando añades *-ing*, mantén la *y* final.
  bury + -ing = burying
  copy + -ing = copying
  study + -ing = studying

En contexto

El usar la regla en su contexto te ayudará a recordarla. Escribe de nuevo las palabras con sufijos en los espacios.

1. He always (hurry + -es) _____ to get to school early.

2. The lumberjack ate (hearty + -ly) _____ through a stack of pancakes.

3. She spent all her spare time (study + -ing) _____ for the exam.

4. He (angry + -ly) _____ slammed the door.

5. There was a (plenty + -ful) _____ supply of fish in the lake.

► Práctica

Completa los ejercicios 1 y 2 y compara tus respuestas al final de esta lección. Si tu resultado es menos del 80 por ciento en cualquiera de los ejercicios, haz el ejercicio 3 para práctica adicional.

Ejercicio 1

Escoge la palabra escrita correctamente en cada par en las oraciones siguientes.

1. He wore everyone out with his (intenseity/ intensity).

2. She was tired of (receiving/receiveing) so much junk mail.

3. He wanted to make a career in law (enforcment/ enforcement)

4. She was (busyly/busily) redecorating their new home.

5. They had both (chimneys/chimnies) cleaned.

6. Every shopper (carried/carryed) at least two huge bags of merchandise.

7. We had a terrible (arguement/argument) over politics last night.

8. She was a (pityful/pitiful) sight when she came in drenched from the rain.

9. This neighborhood is dangerous and therefore not (desirable/desireable) to buyers.

10. She (truly/truely) loved her boyfriend, but her parents were skeptical.

Resultado del ejercicio 1: _____

Ejercicio 2

Marca con una *C* para indicar que es correcta o con una *I* para señalar que es incorrecta la manera en que están escritas las palabras. Si es incorrecto, escríbelo correctamente en la línea siguiente.

_____ 11. There are a number of good headache <u>remedys</u> on the market today. _____

_____ 12. He had made a <u>grievious</u> error on his tax form. _____

_____ 13. He thought the job change would be <u>advantageous</u> to him. _____

_____ 14. She complained of <u>dizzyness</u> in the hot weather. _____

_____ 15. It is only now accepted that men's and women's <u>salaries</u> should be comparable for the same work. _____

_____ 16. It was an <u>outrageous</u> mistake. _____

_____ 17. He bore an <u>unmistakeable</u> resemblance to his father. _____

_____ 18. He had a number of opportunities to expand his <u>business</u>. _____

_____ 19. Certain <u>mysteries</u> remain unsolved. _____

_____ 20. She was a <u>tireless</u> worker for good causes. _____

Resultado del ejercicio 2: _____

Ejercicio 3

Añade la terminación *-ly* a las palabras siguientes.

21. merry _____

22. busy _____

23. happy _____

24. clumsy _____

25. sloppy _____

Añade la terminación *-ing* a las palabras siguientes.

26. amaze _____

27. achieve _____

28. refine _____

29. convey _____

30. portray _____

Resultado del ejercicio 3: _____

▶ Ejercicio final

Escoge diez palabras de esta lección de las cuales necesitas recordar el deletreo. Escribe cinco en los espacios de abajo y las demás en tus tarjetas de trabajo.

_____

_____

_____

_____

_____

Técnicas adquiridas

Mira el significado de los sufijos que usaste en esta lección.

Presta mucha atención a la ortografía de las palabras cuando las estudies diaria y semanalmente. Observa qué pasa con la e final y cuándo un sufijo se agrega a una palabra. Pasa el tiempo necesario aprendiendo la ortografía y el significado de dichas palabras. Escríbelas muchas veces. Pronúncialas y compáralas según las reglas que las rigen.

▶ Respuestas

Ejercicio 1
1. intensity
2. receiving
3. enforcement
4. busily
5. chimneys
6. carried
7. argument
8. pitiful
9. desirable
10. truly

Ejercicio 2
11. I, remedies
12. I, grievous
13. C
14. I, dizziness
15. C
16. C
17. I, unmistakable
18. C
19. C
20. C

Ejercicio 3
21. merrily
22. busily
23. happily
24. clumsily
25. sloppily
26. amazing
27. achieving
28. refining
29. conveying
30. portraying

15 ▶ Pluralización

SUMARIO DE LA LECCIÓN

Esta lección te enseña la ortografía que se aplica a formar plurales, en particular en palabras que terminan en *f* o la *o* prolongada, así como aquéllas que contienen letras, números y fechas en plural.

UNA DE LAS DIFICULTADES de escribir en inglés surge de expresar plurales. Desafortunadamente, no es posible en todo caso añadir solamente una *-s* al final de la palabra para indicar que se trata de "más de uno."

▶ Cuándo usar *-s* o *-es* para formar plurales

Las reglas

Hay dos reglas sencillas que se aplican a los plurales.

A los sustantivos se añade *s* para hacerlos plurales.

Si un sustantivo termina con un sonido sibilante como *s, ss, z, ch, x, sh* se le añade *-es*.

Aquí te damos unos ejemplos.

cars	guesses	matches
computers	masses	blushes
skills	faxes	dishes
gases	indexes	flashes
businesses	churches	
dresses	lunches	

Las excepciones

Recuerda, de la lección pasada, que cuando una palabra termina con una *y* después de una consonante, la *y* se convierte en *i* cuando se le añade -*es*.

> fly–flies
> mortuary–mortuaries
> rally–rallies
> tally–tallies

Trucos de memoria

"Si tú escuchas una sibilante en -*s*, su plural será en -*es*."

En contexto

Añade la -*s* o la -*es* para las palabras en las oraciones siguientes.

1. He sent me two fax___ last night.

2. There were flash___ of lightning in the dark sky.

3. He struck several match___ before one finally caught fire.

4. You have two guess___ at the correct answer.

5. Spelling is one of the most helpful skill___ you can develop.

▶ Plurales de palabras que terminan en -*o*

La regla

Existe solamente una regla sencilla que se aplica a las pocas palabras que terminan en *o*.

Si una *o* está al final de una palabra junto con otra vocal, se le añade una -*s*.

Aquí hay algunos ejemplos:

patios	tattoos
radios	videos
studios	

Las excepciones

Cuando la *o* final de una palabra ocurre después de una consonante en lugar de otra vocal, no existe guía que te ayude a saber si necesitas o *s* o -*es*. Por eso, sólo te queda aprender de memoria las palabras.

Estas palabras sólo necesitan una -*s* para formar el plural:

albinos	dynamos	silos
altos	grottos	sopranos
banjos	logos	tobaccos
broncos	pianos	

Estas palabras necesitan una -*es*:

embargoes	potatoes	vetoes
heroes	tomatoes	

Cuando tengas dudas de cómo aplicar estas reglas, consulta el diccionario.

Trucos de memoria

Escribe las dos listas de palabras con tintas diferentes o en tarjetas de diferentes colores. Lee ambas, tarjetas cinco veces al día hasta que tú recuerdes qué palabras necesitan una -s o una -es para formar el plural.

En contexto

Utiliza una -s o una -es en las siguientes palabras subrayadas.

1. He peeled so many potato_____ in the army that he wouldn't eat french fries for a year.

2. The two soprano_____ gave a wonderful performance.

3. He wished there were more hero_____ in the world today.

4. The piano_____ were out of tune.

5. The farmers harvest their tomato_____ in the summer months.

▶ Plurales para palabras que terminan en -*f*

Para formar los plurales de palabras que terminan en *f* o *fe* sólo se necesita usar una -s. En otros casos, la *f* se convierte en *v* y se le añade -es. Desgraciadamente, no hay reglas que se apliquen para formar los plurales; sólo te queda aprender de memoria las palabras.

Aquí tienes algunas de las palabras que mantienen la *f* al final y sólo requieren la -s:

beliefs	fifes	surfs
briefs	gulfs	turfs
chiefs	kerchiefs	
cuffs	proofs	

Aquí tienes aquéllas en que se suprime la *f* y se usa *ves* al final:

elves	loaves	wives
knives	selves	wolves
leaves	shelves	
lives	thieves	

Trucos de memoria

Aplica el mismo truco que usaste para las palabras en *o*: escribe cada lista en diferente color y estúdialas por una semana.

En contexto

Escribe una *f* o usa la *ves* para formar el plural de las palabras siguientes.

1. He brought the proof_____ to the photographer.

2. The two thief_____ made off with many pieces of jewelry.

3. Their religious belief_____ helped to sustain them in their time of trouble.

4. The shelf_____ are full of interesting books.

5. The fresh green leaf_____ of the trees heralded the coming of spring.

▶ Plurales que no usan ni -*s* ni -*es*

Existen palabras que no usan ni -s ni -es en plural. Dichas palabras conservan las reglas del idioma de origen. A continuación te damos las palabras tomadas del griego, del latín y del antiguo inglés que conservan su plural.

Procedentes del inglés antiguo

child–children
deer–deer
goose–geese
man–men
mouse–mice
ox–oxen
woman–women

Del latín

alumnus–alumni
curriculum–curricula
datum–data
fungus–fungi
medium–media
stratum–strata

Del griego

analysis–analyses
axis–axes
basis–bases
oasis–oases
parenthesis–parentheses
thesis–theses

Trucos de memoria

La formación del plural en palabras del antiguo inglés es poco regular. Solamente tienes que aprender reglas para aquéllas procedentes del latín y del griego. En palabras latinas la -*um* se convierte en -*a*, y en palabras griegas la -*sis* se convierte en -*ses*.

En contexto

Escribe el plural de las palabras siguientes. Suprime cualquier letra que no se necesite y escribe las que se necesiten en los espacios en blanco.

1. The alumnus_____ of the college donated heavily to the building fund.

2. He didn't understand the datum_____ the study yielded.

3. The curriculum_____ of the three schools were very different.

4. The medium_____ were all fighting for interviews with the celebrity.

5. The woman_____ and child_____ were on their way to the station.

▶ Plurales de números, letras y fechas

La regla

Para formar plurales de números y letras generalmente se les añade '*s* como si fueran posesivos.

Aquí hay algunos ejemplos de esta regla:

Dot your *i*'s and cross your *t*'s.
How many 5's are in 25?
She is in her 20's.
The 1960's were a turbulent time.

Las excepciones

Para números y fechas, también es posible no usar el apóstrofo.

How many 5s are in 25?

She is in her 20s.

The 1960s were a turbulent time.

Es mejor no omitir los apóstrofos después de las letras, porque la gente se puede confundir: escribe *a's* para que la gente no piense que quieras decir *as*.

▶ Práctica

Completa los ejercicios 1 y 2 y compara tus respuestas al final de esta lección. Si tu resultado es menos del 80 por ciento en cualquiera de los ejercicios, haz el ejercicio 3 para práctica adicional.

Ejercicio 1

En los párrafos siguientes, escribe el plural de las palabras subrayadas.

On our trip west we had a chance to see wonderful scenery outside our **(1)** window _____ including several country **(2)** church _____ punctuating a plain dotted with grain **(3)** silo _____ where the ranchers stored their harvests. We were invited to attend two **(4)** rodeo _____ and watched **(5)** cowboy _____ in their bright **(6)** kerchief _____ roping the lively bucking **(7)** bronco _____. The weather was good, though the heat brought out a lot of **(8)** fly _____. One evening we went to a cowboy band where the music from the **(9)** piano _____ and the **(10)** banjo _____ kept up a foot-stomping beat until the small hours.

Resultado del ejercicio 1: _____

Ejercicio 2

Marca con una *C* para indicar que es correcta o con una *I* para señalar que es incorrecta la manera en que están escritas las palabras. Si es incorrecto, escríbelas correctamente en la línea siguiente.

_____ **11.** We were washing <u>dishes</u> until nearly midnight. _____

_____ **12.** The <u>chiefs</u> of two dozen local police departments attended the conference. _____

_____ **13.** The <u>thiefs</u> made off with all our luggage. _____

_____ **14.** The governor was considering three separate <u>vetos</u> for upcoming bills. _____

_____ **15.** <u>Sopranos</u> are singers with the highest voices. _____

_____ **16.** The <u>tomatos</u> tasted wonderful. _____

_____ **17.** The movie <u>studios</u> were packed with visitors. _____

_____ **18.** He got three <u>Cs</u> on his report card. _____

_____ **19.** The workers and their families staged two large <u>rallies</u>. _____

_____ **20.** They bought several <u>loaves</u> of bread. _____

Resultado del ejercicio 2: _____

Ejercicio 3

Escribe el plural de las palabras siguientes.

21. logo _____

22. crush _____

23. potato _____

24. X _____

25. fungus _____

26. loaf _____

27. dynamo _____

28. tax _____

29. glass _____

30. basis _____

Resultado del ejercicio 3: _____

Examen de práctica

Rodea con un círculo los plurales correctos de las oraciones siguientes.

31. The artist had several (studios/studioes) where he worked.

32. DVDs have now almost completely replaced (video's/videos).

33. The women wore brightly colored (kerchieves/ kerchiefs) on their heads.

34. These are not long articles, just brief (analysis/ analyses).

35. He had to consult several (indexs/indexes) to find the information he needed.

36. The *Challenger* crew are remembered as (heros/ heroes) by many Americans.

37. They drove the (oxes/oxen) over the rough prairie land.

38. The number of fatal car (crashs/crashes) has diminished this year.

39. Each cuisine, it seems, has its own traditional way to prepare (potatos/potatoes).

40. We planted a number of (hollies/hollys) in our yard this year.

► Ejercicio final

Escoge diez palabras de esta lección de las cuales necesítas recorder la ortografía. Escribe cinco en los espacios de abajo y las demás en tus tarjetas de trabajo. Debes tener al menos 75 palabras en este momento. Es un buen momento para pedirle a un amigo que te evalúe sobre definiciones y ortografía.

_____

_____

_____

_____

_____

Técnicas adquiridas

De un periódico, escoge un artículo al azar e imagina cómo convertirías en plural cada palabra.

Presta mucha atención a la ortografía de las palabras cuando las estudies diaria y semanalmente. Pasa el tiempo necesario aprendiendo la ortografía y el significado de dichas palabras. Escríbelas muchas veces. Pronúncialas y compáralas con las reglas que las rigen.

► Respuestas

Ejercicio 1	Ejercicio 2	Ejercicio 3	Examen de práctica
1. windows	11. C	21. logos	31. studios
2. churches	12. C	22. crushes	32. videos
3. silos	13. I, thieves	23. potatoes	33. kerchiefs
4. rodeos	14. I, vetoes	24. Xs	34. analyses
5. cowboys	15. C	25. fungi	35. indexes
6. kerchiefs	16. I, tomatoes	26. loaves	36. heroes
7. broncos	17. C	27. dynamos	37. oxen
8. flies	18. C	28. taxes	38. crashes
9. pianos	19. C	29. glasses	39. potatoes
10. banjos	20. C	30. bases	40. hollies

16▶ Sufijos difíciles

SUMARIO DE LA LECCIÓN

Esta lección te ayuda a resolver problemas relacionados con sufijos. Te enseña cuándo usar -ence o -ance, -ible o -able y otras distinciones entre pares de sufijos.

EN LA LECCIÓN 6 aprendiste que los sufijos—las terminaciones de palabras—generalmente distinguen la categoría gramatical de una palabra o su papel en una oración. Aquí clarificamos varias cuestiones que surgen de este aspecto del idioma.

▶ Cuándo usar *-able* y *-ible*

Las reglas

Estos sufijos se confunden generalmente en cuanto a la ortografía, ya que tienen la misma pronunciación. Pero al repasar las reglas siguientes y confiar en tu memoria, puedes evitar errores típicos y graves.

Cuándo usar *-able*

Si la palabra original tiene el sufijo *-ation,* el adjetivo tomará *-able.*

demonstration–demonstrable

imagination–imaginable

inflammation–inflammable

Si la raíz de la palabra está completa en sí misma, generalmente toma la *-able*.

> bear–bearable
>
> drink–drinkable
>
> laugh–laughable
>
> read–readable

Si la raíz termina en una *c* o una *g* fuerte, tomará la *-able*.

> amicable
>
> despicable
>
> navigable

Cuándo usar *-ible*

Si una palabra tiene un sufijo *-ion*, pero no *-ation*, generalmente se convertirá en *-ible*.

> collection–collectible
>
> disruption–disruptible
>
> division–divisible

Si una palabra termina en *-ss*, se le añade *-ible*.

> accessible
>
> admissible
>
> irrepressible
>
> permissible

Si la raíz termina en una *g* o una *c* suave, tomará *-ible*.

> forcible
>
> incorrigible
>
> invincible
>
> legible
>
> reducible
>
> reproducible

Trucos de memoria

- Existe cierto grupo de palabras en inglés que utilizan ambas terminaciones, *-able* o *-ible*. Pero *-able* es más común.
- La forma sustantiva te ayudará a determinar la mejor opción para los sufijos. Por ejemplo, el sustantivo formado del verbo *convert* es *conversion*, lo cual significa que tú debes usar *-ible*, de acuerdo a la regla *-ion*.

Las excepciones

- La palabra *predict/prediction* no sigue la regla *-ion*, sino se hace *predictable*.

▶ Cuándo usar *-ant/-ancy* y *-ent/-ency*

Las reglas

Las reglas para *-ant/-ance/-ancy* y *-ent/-ence/-ency* son pocas y no influyen en todos los casos. Aquí están algunas guías:

Palabras con *-ant/-ance/-ancy* pueden ser sustantivos o adjetivos.

Palabras con *-ent/-ence/-ency* sólo pueden ser sustantivos. Úsalos cuando las raíces de las palabras terminen en:

> *sist* o *xist* (existence, persistence)
>
> *c* o *g* suave (negligent, emergency)
>
> una vocal + *r* (deference, reference)

Aquí hay algunos ejemplos de palabras que toma la versión de *a* al final:

abundant	inheritance	significance
brilliant	radiance	stimulant
elegance	relevance	tenancy
hesitancy	repentance	tolerance
ignorance	resistant	vacancy

Aquí hay algunos ejemplos de palabras que toman la versión de *e* para su terminación:

coherent	divergence	precedent
confident	frequent	prominent
consequence	indulgent	reference
convenient	inference	resident
dependence	negligent	
different	permanent	

Las excepciones

- *Resist* toma *-ant/-ance* aunque termina en *sist*: *resistant, resistance.*
- Unas pocas palabras terminan en *ense*. Muchas son comunes y bastantes se recuerdan fácilmente: *expense, immense, nonsense, pretense, suspense.*

Trucos para la memoria

Si la raíz de una palabra contiene una *a* como en *dominate*, es probable que se use la versión de *a* para su final: dominance. Si tienes dudas a pesar de estas reglas, consulta el diccionario.

En contexto

Usa el contexto para recordar las reglas. Selecciona (entre paréntesis) la palabra correcta para cada una de las oraciones siguientes.

1. She had an (abundance/abundence) of roses in her garden.

2. There was an (immence/immense) stretch of land before them.

3. The lawyer tried to prove (negligence/ negligance) in the case.

4. He tried to overcome her (resistence/resistance) to changing jobs.

5. She was (repentent/repentant) for the way she treated her mother.

▶ Cuándo usar *-ary* and *-ery*

Ni siquiera necesitas una regla para determinar si debes usar *ary* o *-ery*, porque es muy fácil. Solamente dos palabras siempre terminan en *-ery*: *cemetery* y *stationery*. Las otras utilizan *-ary*. Cuidado a los homófonos *stationery* (que significa *writing paper*) y *stationary* (que significa *not moving*).

Aquí hay algunas palabras con *-ary*:

boundary	imaginary	secretary
contrary	library	solitary
dictionary	military	vocabulary
February	secondary	voluntary

▶ Cuándo usar *-al* y *-el*

Otra vez, no hay regla para escoger entre *-al* o *-el*, pero afortunadamente hay pocas palabras que utilizan *-el*. Si tienes un conocimiento básico de las palabras más comunes con -el y recuerdas todas aquéllas que usan -al, las deletrearás todas correctamente.

Aquí hay algunas de las palabras más comunes que usan -el:

cancel	hovel	panel
channel	jewel	shovel
cruel	kennel	towel
drivel	model	travel
fuel	novel	tunnel

Aquí hay algunas de las muchas palabras que utilizan -al:

accrual	lyrical	penal
choral	magical	personal
dismissal	mental	several
festival	moral	trival
legal	neutral	
literal	oval	

▶ Práctica

Trata de detectar errores de ortografía y escribe correctamente las palabras del ejercicio siguiente. Completa los ejercicios 1 y 2 y compara tus respuestas al final de esta lección. Si tu resultado es menos del 80 por ciento en cualquiera de los ejercicios, haz el ejercicio 3 para práctica adicional.

Ejercicio 1

Rodea con un círculo la ortografía correcta.

1. The general thought the army was (invincibel/invincible).

2. He lived a (solitery/solitary) life after his wife died.

3. Many people deem this a great work of art, but it is not (accessable/accessible) to most.

4. Her (inheritance/inheritence) was so great that she never truly needed to work.

5. The class was restless as (dismissel/dismissal) time approached.

6. Theirs was an (amicable/amicabel) divorce with few hard feelings on either side.

7. He was a (prominant/prominent) attorney, well known throughout the city.

8. We left the dog in the (kennal/kennel) during our vacation.

9. He believed in a (literel/literal) interpretation of the Bible.

10. The judge had a commanding (presence/presense); no one dared question him.

Resultado del ejercicio 1: _____

Ejercicio 2

Marca con una C para indicar que es correcta o con una I para señalar que es incorrecta la manera en que están escritas las palabras claves. Escribe las formas correctas en las líneas siguientes.

_____ 11. He consulted several referance books in the librery. _____ _____

_____ 12. The doctor's handwriting was never very legible. _____

_____ **13.** The girl told lies that were simply <u>unbelievable</u>, and soon people came to distrust her. _____

_____ **14.** The little girl had an <u>imaginery</u> friend called Sandy. _____

_____ **15.** He made <u>frequent</u> visits to his elderly grandmother in England. _____

_____ **16.** There were no guarantees, the doctor said, but a cure was certainly <u>possable</u>. _____

_____ **17.** The oily rags in the garage turned out to be <u>inflammible</u>. _____

_____ **18.** Many politicians point to America's oil <u>dependancy</u> in the Middle East. _____

_____ **19.** There were <u>visible</u> tracks along the snowy ridge. _____

_____ **20.** He needed no chemical <u>stimulents</u> to keep him awake. _____

Resultado del ejercicio 2: _____

Ejercicio 3
Llena el espacio con la vocal correcta.

21. conveni__nt

22. diction__ry

23. imagin__ble

24. permiss__ble

25. indulg__nt

26. perman__nt

27. vac__ncy

28. chann__l

29. leg__l

30. aud__ble

Resultado del ejercicio 3: _____

▶ Ejercicio final

Escoge diez palabras de esta lección que necesites recordar. Escribe cinco en los espacios de abajo y las demás en tus tarjetas de trabajo.

_____

_____

_____

_____

_____

Asegúrate del significado de los sufijos utilizados en esta lección.

Presta mucha atención a la ortografía de las palabras cuando las estudies diaria y semanalmente. Cuando te encuentres con palabras que terminen con *-able/-ible, -ant/-ancy, -ent/-ency, -ary/-ery* o *-al/-el,* haz un alto y míralas detenidamente para grabar su ortografía y significado en tu memoria. Escríbelas muchas veces. Pronúncialas y compáralas con las reglas que las rigen.

▶ Respuestas

Ejercicio 1	Ejercicio 2	Ejercicio 3
1. invincible	11. I, reference, library	21. convenient
2. solitary	12. C	22. dictionary
3. accessible	13. C	23. imaginable
4. inheritance	14. I, imaginary	24. permissible
5. dismissal	15. C	25. indulgent
6. amicable	16. I, possible	26. permanent
7. prominent	17. I, inflammable	27. vacancy
8. kennel	18. I, dependency	28. channel
9. literal	19. C	29. legal
10. presence	20. I, stimulants	30. audible

LECCIÓN

17 ▶ Juntar palabras: prefijos, guiones y palabras compuestas

SUMARIO DE LA LECCIÓN

Esta lección aborda la manera de juntar palabras y partes de palabras como prefijos, palabras con guiones y palabras compuestas, así como la manera de deletrearlas.

L A LECCIÓN 16 te enseñó a deletrear varios sufijos—las terminaciones de palabras. Existen dos tipos más de "agregados" que los escritores más fluentes necesitan saber usar. Estos son los prefijos que cambian o alteran el significado de las palabras (ve la lección 5) y los guiones, un signo de punctuación que conecta dos palabras o partes de la misma palabra. Y, claro, saber usar los guiones también implica saber cuándo no usarlos.

▶ Prefijos

La regla

Generalmente, cuando se añade un prefijo a la raíz de una palabra, ni la raíz ni el prefijo cambia su ortografía:

un- + prepared = unprepared
mal- + nutrition = malnutrition
sub- + traction = subtraction
mis- + informed = misinformed

Esta regla se aplica aun a casos en que la raíz de la palabra empieza con la misma letra con que termina el prefijo. Generalmente se conservan ambas consonantes. Aquí hay unos ejemplos:

dissatisfied	misspelled
disservice	misstep
illegible	transship
illegitimate	unnatural
irrational	unnerved
irreverent	

Trucos de memoria

Confíate en los ojos. Escribe las palabras sin consonantes dobles y ve cómo lucen. Si lucen raras, probablemente están mal escritas.

Prefijos que cambian la forma

Hay dos conjuntos de prefijos que pueden cambiar de forma, dependiendo del principio de la palabra a la que están unidas.

Co-, col-, com- y con-

El prefijo *co-* significa *con* (with) y es también aparece como *col-*, *com-* y *con-*, dependiendo del principio de las raíces. Todas significan *con*; sólo tienes que saber la forma correcta que usar. Y las orejas te ayuden también. Tú oyes *cooperative*, no **com**operative ni **col**operative. Tú oyes **col**lateral, no **com**lateral. Tú oyes **com**pact, no **con**pact. Et cétera.

Una vez que has oído la forma correcta de los prefijos, la regla correspondiente no cambia la ortografía que se aplica. Sólo añade el prefijo adecuado a la raíz de la palabra sin cambiar la ortografía.

Aquí están algunos ejemplos:

cohabitation	commercial
cohesive	commitment
collaboration	congregation
collateral	contract
collating	contribute
commentator	coworker

In-, il-, im- y ir-

El prefijo *in-* significa *no* o *lo contrario de*. Aquí otra vez la regla básica se aplica: no cambias la ortografía de la raíz de la palabra cuando añades el prefijo. Aquí hay unos ejemplos:

    infertile
    infrequent
    insubstantial

Las formas *in-*, *il-*, *im* e *ir-* se usan con raíces de palabras que empiezan con *l*, *m* o *r*. Los prefijos cambian con la intención de facilitar la pronunciación.

- Si la raíz empieza con *l*, se le añade *il-*: *illogical* (no *inlogical*).
- Si la raíz empieza con *m*, se le añade *im-*: *immoral* (no *inmoral*).
- Si la raíz empieza con *r*, se le añade *ir-*: *irregular* (no *inregular*).

Prefijos similares que tienen significados diferentes
Pre-, pro- y per-

Tu mejor guía para distinguir estos tres será el significado diferente que tiene cada uno.

- *Pre-* significa *antes*: *prejudice*
- *Pro-* significa *adelante*: *project*
- *Per-* significa *a través*: *permeate*

Pronuncia todo con cuidado. Di, por ejemplo, *propeller*, no *perpeller*.

Aquí hay algunas palabras con *pro-*, *per-* y *pre-*:

proceed	percolator	prehensile
prohibit	permission	prehistoric
projection	perpetual	prenatal
proposition	persistence	prescribe

Anti- y ante-

Anti- y *ante-* son dos prefijos más que pueden ser confusos en cuanto a la ortografía. Aquí también tienes que guiarte por el significado del prefijo.

- *Anti-* significa *en contra de*: *antibiotic* (against biological organisms).
- *Ante-* significa *antes de*: *antebellum* (before the war), *anteroom* (room before the room).

En contexto

Utiliza el contexto para aprender la regla para los prefijos. Rodea con un círculo la ortografía correcta.

1. The argument seemed (ilogical/illogical) to me.

2. He was busy (collating/colating) all the pages.

3. She was (irreverent/ireverent) in church today.

4. The (comentator/commentator) on TV summarized the news of the day.

5. They (colaborated/collaborated) on the project for school.

▶ Uso del guión

Cuándo usar el guión

Cuándo combinas palabras y partes de palabras, es difícil saber cuándo dejar las palabras separadas, cuándo poner un guión y cuándo poner las palabras o parte de las palabras juntas dentro de una nueva palabra. ¿Se escribe *co-dependent* o *codependent*? ¿Tengo yo un *son in law* o un *son-in-law*? En ambos casos la respuesta correcta es la segunda.

Existen por lo menos siete reglas para usar guiones y unir palabras. Esas palabras generalmente están unidas de tal manera que el conjunto desempeña una función nueva en la oración.

Combina palabras con un guión para formar un adjetivo cuando el adjetivo aparece delante del sustantivo.

> a well-heeled man
> a not-insignificant effort
> a well-known actor

Cuándo un conjunto de palabras se usa como adjetivo después de un sustantivo, esta combinación no puede usar guiones.

> It's a job ill suited to his talents.
> She is well regarded in the community.
> His effort was not insignificant.

Combina palabras con un guión cuando las palabras se usan juntas como sustantivo. Incluye títulos y familiares.

> editor-in-chief
> jack-of-all-trades
> maid-of-all-work
> mother-in-law
> runner-up
> sister-in-law

Usa un guión delante de *elect* y después de *vice, ex* or *self*.

> ex-President
> ex-teacher
> self-styled
> Senator-elect
> Vice-Admiral

Usa un guión cuando añades un prefijo a una palabra que empieza con mayúscula.

> mid-Atlantic
> pan-European
> trans-Siberian
> un American

Usa un guión para números compuestos de otros números.

> thirty-nine years

También usa guiónes cuando combinas números con sustantivos.

> a class of six-year-olds
> a two-year term
> a ten-cent increase

Usa un guión para combinar verbos para formar sustantivos nuevos.

> break-in
> cure-all
> play-off
> put-down
> runner-up

Cuándo no usar el guión

La mayoría de palabras compuestas están simplemente colocadas juntas sin cambios ortográficos en ellas. Ninguna de las palabras siguientes lleva guión.

airlift	carfare	railroad
boxcar	mailbox	sickroom
boyfriend	playpen	

Excepto los casos antes enunciados, los prefijos también se combinan directamente con las raíces palabras.

La mejor "regla de oro" es ésta: Si la frase se usa como adjetivo, probablemente necesita un guión. Si quieres juntar dos palabras que no parecen adaptarse a ninguna de estas reglas, la mejor estrategia es consultar el diccionario.

En contexto

Trata de interpretar algunas palabras con guiones en su contexto. Si una frase carece de gurón, insértalo. Las respuestas siguen las oraciones.

1. The insurance company would not waive the copayment because his illness was a preexisting condition.

2. Two thirds of the people who answered the poll felt that the ex president made an excellent commander in chief.

3. My sister in law insists that the ill fated Knicks will still win the play offs.

4. A well known historian, a professor in his twenty seventh year at the college, was a preeminent authority on African American culture.

5. A prolife advocate was arrested for distributing antiabortion literature.

(Respuestas: **1.** pre-existing; **2.** two-thirds, ex-president, commander-in-chief; **3.** sister-in-law, ill-fated, play-offs; **4.** well-known, twenty-seventh, pre-eminent, African-American; **5.** pro-life, anti-abortion)

▶ Práctica

Completa los ejercicios 1 y 2 y compara tus respuestas al final de esta lección. Si tu resultado es menos del 80 por ciento en cualquier ejercicio, haz el ejercicio 3 para práctica adicional. Si no, ve directamente al Examen de Práctica.

Ejercicio 1

Escoge entre paréntesis la palabra escrita correctamente.

1. He was (unerved/unnerved) by being suddenly thrust into the spotlight.

2. He (mis-interpreted/misinterpreted) what she said about her (brother in law/brother-in-law) and his (fly by night/fly-by-night) business partners.

3. The (governor-elect/governor elect) was (disatisfied/dissatisfied) with his chief of staff and wanted to (replace/re-place) him when she took office.

4. It had been (fifty two/fifty-two) years since he had seen his old (comrade in arms/comrade-in-arms).

5. The two (ex servicemen/ex-servicemen) wanted to become (co-owners/coowners) of the new (three star/three-star) restaurant.

6. The two (co workers/coworkers) (colaborated/collaborated) on their (twice-weekly/twice weekly) report.

7. The director, (long established/long-established) as an innovator, decided to (reenact/re-enact) the battle in front of the cameras.

8. The woman had (irational/irrational) fears about meeting her (long lost/long-lost) cousin.

9. We did him a (disservice/diservice) by (premoting/promoting) his brother ahead of him.

10. She waited in the (antiroom/anteroom) while her (coauthor/co-author) met with the (editor in chief/editor-in-chief).

Resultado del ejercicio 1: _____

Ejercicio 2

Marca con una *C* para indicar que es correcta o con una *I* para señalar que es incorrecta la manera en que están escritas las palabras. Si es incorrecto, escríbela correctamente en la línea siguiente.

_____ **11.** He kept <u>irregular</u> hours and was often out until after midnight. _____

_____ **12.** The soldiers found it hard to avoid <u>colateral</u> damage in their airstrikes. _____

_____ **13.** The design was <u>symetrical</u>, the same on left and right. _____

_____ **14.** The <u>stand up</u> comic played to a <u>well heeled</u> audience. _____ _____

_____ **15.** He was the <u>runner up</u> in the contest and was invited to appear again. _____

_____ **16.** The chocolate candy was <u>irresistible</u> to the toddler. _____

_____ **17.** By 9:00, news stations were <u>prejecting</u> a winner. _____

_____ **18.** The class of <u>five-year-olds</u> enjoyed their trip to the aquarium. _____

_____ **19.** He carved a scary <u>jack o lantern</u> at Halloween. _____

_____ **20.** <u>Eighty-five</u> employees were laid off when the plant closed. _____

Resultado del ejercicio 2: _____

Ejercicio 3

Las palabras fueron escritas incorrectamente con guiones. Escríbelas correctamente.

21. unAmerican _____

22. preempt _____

23. imoral _____

24. jack in the box _____

25. antebiotic _____

26. post Depression _____

27. Franco American _____

28. il-legible _____

29. pernatal _____

30. girl-friend _____

Resultado del ejercicio 3: _____

Examen de práctica

Selecciona la opción correcta para las oraciones siguientes.

31. He _____ the word in class today.
   a. mispelled
   b. misspelled
   c. mis-spelled

32. He had a strong _____ to his job.
   a. comitment
   b. comittment
   c. commitment

33. She was _____ with the service at the restaurant.
   a. disatisfied
   b. dissatisfied
   c. disattisfied

34. The bank wanted _____ on its loan.
   a. collateral
   b. colateral
   c. co-lateral

35. There was an _____ quiet in the house.
   a. unatural
   b. un-natural
   c. unnatural

36. They met in the _____ to the office.
   a. antiroom
   b. anteroom
   c. auntiroom

37. It was hard to believe such an _____ story.
   a. illogical
   b. ilogical
   c. illogicle

38. She was accused of being an _____ woman.
   a. imoral
   b. imorral
   c. immoral

39. An _____ heartbeat kept him in the hospital.
   a. irregular
   b. iregular
   c. irreguler

40. The captain gave his permission to _____.
   a. procede
   b. proceed
   c. prosede

▶ Ejercicio final

Escoge diez palabras de esta lección que necesites recordar. Escribe cinco en los espacios de abajo y las demás en tus tarjetas de trabajo.

_____

_____

_____

_____

_____

Técnicas adquiridas

Observa los prefijos, palabras compuestas y con guiones que viste hoy. ¿Qué reglas los rigen?

Escribe una oración o un párrafo que use algunas de las palabras que escribiste con dificultad. Léelas en voz alta muchas veces y presta atención especial a tus dificultades. Escríbelas muchas veces. Pronúncialas en voz alta.

▶ Respuestas

Ejercicio 1

1. unnerved
2. misinterpreted, brother-in-law, fly-by-night
3. governor-elect, dissatisfied, replace
4. fifty-two, comrade-in-arms
5. ex-servicemen, co-owners, three-star
6. coworkers, collaborated, twice-weekly
7. long established, re-enact
8. irrational, long-lost
9. disservice, promoting
10. anteroom, coauthor, editor-in-chief

Ejercicio 2

11. C
12. I, collateral
13. I, symmetrical
14. I, stand-up, well-heeled
15. I, runner-up
16. C
17. I, projecting
18. C
19. I, jack-o'-lantern
20. C

Ejercicio 3

21. un-American
22. pre-empt
23. immoral
24. jack-in-the-box
25. antibiotic
26. post-Depression
27. Franco-American
28. illegible
29. prenatal
30. girlfriend

Examen de práctica

31. b
32. c
33. b
34. a
35. c
36. b
37. a
38. c
39. a
40. b

18 ▶ Apóstrofos, abreviaciones y siglas

SUMARIO DE LA LECCIÓN

Esta lección te enseña cuándo usar los apóstrofos, y además, cuándo y cómo usar las abreviaciones y las siglas.

LOS APÓSTROFOS están generalmente mal empleados y siempre surge la cuestión de cuándo se usan. Esta lección te proporciona algunas reglas para usarlos correctamente. También te ofrece una sección de siglas y abreviaciones que funcionan como palabras individuales pero representan frases enteras y otras clases de abreviaciones.

▶ Apóstrofos

De todos los signos de puntuación, el apóstrofo es quizás uno de los más confusos. Afortunadamente, existen una serie de reglas sencillas que te guiarán a usarlos correctamente.

Las reglas

Existen dos reglas para el uso de apóstrofos y una para no usarlos:

Regla 1. Usa un apóstrofo para indicar posesión: Jack's book.

Regla 2. Usa un apóstrofo para marcar una contracción: We don't like broccoli.

Regla 3. No uses apóstrofo para formar el plural: I have two apples (not *apple's*).

Observa la tabla de abajo para entender las reglas que se aplican para formar posesivos con el uso de apóstrofos. Hay varios contextos, cada uno con su propio matiz.

Contracciones

En una contracción, dos palabras están juntas y se omite una letra o más. El apóstrofo muestra que las letras han sido omitidas. Por ejemplo, "We have decided to move to Alaska" se convierte en, "**We've** decided to move to Alaska."

Aquí hay una lista de las contracciones más comunes:

he will = he'll
I will = I'll
we will = we'll
it is = it's
she is = she's
you are = you're
they are = they're
we are = we're
cannot = can't
do not = don't
does not = doesn't

Uso de los apóstrofos para mostrar posesión

SITUACIÓN	REGLA	EJEMPLO
sustantivo en singular	añadir *'s*	the child's cap
sustantivo en singular que termina en *ss*	añadir *'s*	the hostess's home
sustantivo en plural que termina en *s*	añadir solamente *'*	the lawyers' bills
sustantivo en plural que no termina en *s*	añadir *'s*	the Children's Museum, the men's clothes
sustantivo propio (nombre)	añadir *'s*	Jenny's watch, Chris's car, Mrs. Jones's driveway
sustantivo indefinido en singular	añadir *'s*	one's only hope
pronombre indefinido en plural	añadir solamente *'*	all the others' votes
pronombre compuesto	añadir *'* o *'s* después de la palabra final	the men-at-arms' task, my mother-in-law's house
para unión de posesiones	añadir *'s* al final del nombre	Jim and Fred's Tackle Shop
posesiones separadas	añadir *'s* después de los dos nombres	Jim's and Fred's menus

have not = haven't
should not = shouldn't
will not = won't

Aquí tienes otras formas que usan apóstrofos para representar letras omitidas:

- En dialecto: "I'm goin' down to the swimmin' hole," said the boy.
- Cuando la letra *o* representa *of*: "Top o' the morning" or "Mr. O'Reilly."

Las excepciones

Existe una excepción a la regla del uso de apóstrofos para plurales. Como viste en la lección 16, se puede usar un apóstrofo para formar el plural de letras y números: "I had three A's on my report card."

En contexto

Practica el uso de apóstrofos en contexto, corrigiendo las oraciones siguientes. Las respuestas se dan en seguida.

1. Mrs. Clarks' store had been built in the 1970s.

2. Everyones lawn chair's were stored in John and Marys backyard.

3. They had gone to the ladies room to powder their nose's.

4. Wed rather have dinner at my mother-in-laws house next door.

5. Shouldnt he pick up his fax's before he goes home?

(**Respuestas:** **1.** Clark's; **2.** Everyone's, chairs, Mary's; **3.** ladies', noses; **4.** We'd, mother-in-law's; **5.** Shouldn't, faxes)

▶ Abreviaciones

Muchas expresiones y palabras en inglés están abreviadas; es decir, han sido escritas de manera breve o compacta. Aunque ciertas abreviaciones no se usan en escritos formales, especialmente aquéllas usadas para los días de la semana, se pueden usar y son de gran ayuda en situaciones menos formales.

La regla

Después de abreviaciones se usa un punto.

Ve la tabla de abajo para algunas abreviaciones comunes.

Abreviaciones comunes

TIPOS	EJEMPLOS
Nombre de días	Sun., Mon., Tues., Wed., etc.
Nombre de meses	Jan., Feb., Mar., Apr., etc.
Títulos y grados	Mr., Mrs., Ms., Esq., Dr., Hon., M.D., Ph.D., Ed.D.
Jerarquías	Sgt., Capt., Maj., Col., Gen.
Términos empleados en negocios	C.O.D. (collect on delivery), Mfg. (Manufacturing), Inc. (Incorporated), Assn. (Association), Ltd. (Limited)

Las excepciones

- No uses puntos con dos letras de código postal para los Estados: CA, FL, IL, NJ, NY, TX, por ejemplo.
- No uses puntos en las letras iniciales de nombres de compañías: FBI, CBS, NFL.
- No uses puntos después de letras en siglas (ve lo siguiente).

► Siglas

Una de las maneras en que nuestra lengua enriquece su vocabulario es a través de la creación de abreviaciones. Las abreviaciones son palabras compuestas de las primeras letras de una serie de palabras o de una frase. Éstas se diferencian de abreviaciones y de las iniciales de que están formadas. Una sigla representa toda la frase. Por ejemplo, las abreviaciones *FBI* (Federal Bureau of Investigation) se pronuncia *eff-bee-eye* mientras que las siglas *AIDS* (auto-immune deficiency syndrome) se pronuncia como una palabra.

Aquí están algunas de las abreviaciones más comunes, sus variaciones. ¡Algunas de las siglas se han convertido en palabras muy comunes! Observa que algunas siglas están escritas en letras minúsculas y otras en mayúsculas.

snafu = **s**ituation **n**ormal, **a**ll **f**ouled **u**p
scuba = **s**elf-**c**ontained **u**nderwater **b**reathing **a**pparatus
yuppie = **y**oung **u**rban **p**rofessional
laser = **l**ight **a**mplification by **s**timulated **e**mission of **r**adiation
radar = **ra**dio **d**etecting **a**nd **r**anging
moped = **mo**tor **ped**al

WYSIWYG = **what you see is what you get** (on a computer screen)
LIFO = **last in, first out** (in inventory management)

También existen siglas que provienen del nombre de organizaciones, términos científicos o condiciones médicas que son demasiado largas para recordar:

- **Grupos**
  CORE = Congress of Racial Equality
  UNICEF = United Nations International Children's Emergency Fund
  HUD = Housing and Urban Development, a U. S. government department
  Fannie Mae = Federal National Mortgage Association
- **Términos médicos**
  AIDS = auto-immune deficiency syndrome
  SIDS = sudden infant death syndrome
  CAT scan = computerized axial tomography scan
- **Términos tecnológicos**
  REM = rapid eye movement (in sleep)
  RAM = random-access memory (on a computer)
  COBOL = common business oriented (computer) language

Un tipo de sigla invertida es *emcee* la cual se deriva de las iniciales M.C., para abreviar "master of ceremonies."

► Práctica

Completa los ejercicios 1 y 2 y compara tus respuestas al final de esta lección. Si tu resultado es menos del 80 por ciento en cualquiera de los ejercicios, haz el ejercicio 3 para práctica adicional.

Ejercicio 1

En las oraciones siguientes inserta las abreviaciones y apóstrofos correctos.

1. Capt Meyerss ship was launched in the 1970s.

2. Tess dream was to earn three star's for her restaurant.

3. My mother-in-laws attorney's put the will in probate.

4. The ladies room always had long line's.

5. "Cant help lovin that man of mine," sang the shows lead, Betsy O Brien.

6. The peoples wish was for peace and stability after a decade of wars'.

7. Shouldnt she have more than just Sids word that the house isnt very safe?

8. Shell want to know how the money got into the childrens' hands.

9. Joe and Harrys music could be heard on Lindas tape player.

10. Carols and Judys dress's were hanging on the seamstress door.

Resultado del ejercicio 1: _____

Ejercicio 2

Usa la lista de siglas de esta lección para completar las oraciones siguientes.

11. My doctor ordered a _____ to determine if I needed surgery.

12. If I needed a mortgage, I might apply for one through _____.

13. Many dollars from _____ have contributed to the aid of children all over the world.

14. I fell into a deep sleep and experienced _____.

15. Some people object to the teaching of so many works by _____ in our liberal arts colleges and so few by minority authors.

16. As usual, some _____ at the Motor Vehicle Bureau kept me waiting for an hour.

17. _____ diving is exciting but can be dangerous.

18. The police trapped speeders using a _____ gun.

19. The plague of our century is probably the _____ epidemic.

20. Midtown was seen as the center of that city's _____ scene, and longtime residents began to move away as rents escalated.

Resultado del ejercicio 2: _____

Ejercicio 3

Rodea con un círculo el término correcto en las oraciones siguientes.

21. I will have two (week's/weeks') vacation in (N.O.V./Nov.) this year.

22. Gen. (Jone's/Jones's) order was to leave on (Sun./Sund.)

23. My attorney is addressed as James Olsen, (Esqu./Esq.)

24. (Russ's/Russ') aunt had (lasar/laser) surgery to correct her cataracts.

25. The reporter profiled the judge and made sure to refer to him as The (Hon./HON) Michael Barnes.

26. (Les's and Larry's/Les and Larry's) mopeds were parked outside.

27. The ancient Greeks worshiped at the (goddess'/goddess's) shrine every spring.

28. This computer is great for multitasking, but it is short on (RAM/R.A.M.).

29. (Their/There) letter was addressed to Terry Silver in Los Angeles, (CA/C.A.).

30. (Maj./Mjr.) Clark was the (emcee/emmcee) on the USO tour this year.

Resultado del ejercicio 3: _____

▶ Ejercicio final

Escoge diez palabras de esta lección que necesites recordar. Escribe cinco en los espacios de abajo y las demás en tus tarjetas de trabajo.

_____

_____

_____

_____

_____

Si puedes estudiar con algún amigo que te ayude a revisar tu trabajo en este libro, aquí te damos algunas sugerencias:

- Entre ustedes, expresen todas las abreviaciones y siglas que les sean nuevas. Añade cinco de ellas a tu lista de esta lección.

- Jueguen a "Jeopardy" con las palabras. Organízalas en categorías y haz que el amigo te plantee preguntas.

- Escoge 10 palabras que (especialmente quieres) recordar. Escribe cada palabra en una tarjeta de trabajo y duplícalas para jugar a "Concentración." Arregla todas las tarjetas boca abajo. Trata de encontrar la misma palabra en las tarjetas, volteando dos tarjetas a la vez. Esto también se aplica si en una tarjeta tienes la palabra y en otra la definición.

- Escribe seis palabras y escríbelas en tarjetas de trabajo. Voltéalas boca abajo. Cierra los ojos. Permite que tu compañero retire una tarjeta. Trata de recordar la palabra retirada. Trata varias veces. Añade más tarjetas para un desafío mayor.

- Pídele a tu compañero que deletree las palabras en voz alta. Después hazlo también. El sonido te ayudará a recordar la ortografía de palabras difíciles.

Técnicas adquiridas

Repasa los apóstrofos, las abreviaciones y las siglas que viste hoy. ¿Qué reglas les aplican?

Escribe oraciones que usen apóstrofos, abreviaciones y siglas para practicar lo que aprendiste en esta lección.

► Respuestas

Ejercicio 1
1. Capt., Meyers's
2. Tess's, stars
3. mother-in-law's, attorneys
4. ladies', lines
5. Can't, lovin', show's, O'Brien
6. People's, wars
7. Shouldn't, Sid's, isn't
8. She'll, children's
9. Harry's, Linda's
10. Carol's, Judy's, dresses, seamstress'

Ejercicio 2
11. CAT scan
12. Fannie Mae
13. UNICEF
14. REM
15. WASPs
16. snafu
17. Scuba
18. radar
19. AIDS
20. yuppie

Ejercicio 3
21. weeks', Nov.
22. Jones's, Sun.
23. Esq.
24. Russ's, laser
25. Hon.
26. Les's and Larry's
27. goddess'
28. RAM
29. Their, CA
30. Maj., emcee

19 ▶ Palabras nuevas: aprendizaje y ortografía de vocabulario emergente

SUMARIO DE LA LECCIÓN

La lección de hoy te enseña el significado y la ortografía de palabras nuevas, concentrándose en vocabulario nuevo y emergente, proveniente de la ciencia, la tecnología, los negocios, la política, la sociedad y los medios de comunicación.

EL INGLÉS SE LEE y se escribe con dificultad porque tiene un sistema fonético irregular y una ortografía complicada. No obstante, uno de sus aspectos maravillosos es su flexibilidad. El inglés constantemente está agregando palabras nuevas, adquiriendo palabras procedentes del mundo de la tecnología, los negocios y las artes. Nuestra sociedad mantiene una curiosidad profunda en cuanto a la importancia de incorporar estas palabras nuevas.

Esta lección explorará algunas de las palabras y expresiones más nuevas que han enriquecido nuestra lengua, así como la posibilidad de agregar dichas en el desarrollo de tu vocabulario.

▶ Vocabulario de palabras nuevas y emergentes

Aquí hay algunos ejemplos de palabras que se han incorporado a nuestra lengua. ¿Cuántas reconoces de vista o por su sonido?

De la ciencia y la tecnología

arthroscopic surgery	genetic therapy
avatar	global warming
biosphere	hard drive
blog	hyperspace
cloning	Internet
dot-com	in-vitro fertilization
download	megabyte
e-mail	Second Life

De los negocios y la industria

boardroom	human resources
cash cow	junk bonds
disincentives	mommy track
downsizing	networking
fast track	outsourcing
flextime	rainmaker
glass ceiling	subprime
golden parachutes	upscale
headhunter	worst-case scenario

De la política, la sociedad y los medios de comunicación

co-parenting	Rust Belt
Generation X	spa cuisine
gentrification	spin doctors
hip-hop	stonewall
palimony	Sun Belt
policy wonk	tabloid television
prequel	war on terror

▶ Cómo las palabras nuevas se crean

Las palabras en listas anteríores, han sido creadas debido a la necesidad de describir algo que antes no existía o no era común. Nosotros creamos palabras en nuevas situaciones, como a continuación se expresa:

■ Escribimos eventos o tendencias de maneras creativas. Por ejemplo, las mujeres parecíon limitadas en su capacidad de escalar en el mundo de los negocios porque se encontraban con obstáculos de promoción y una persona introdujo la metáfora de un tope invisible, *glass ceiling*.

■ Mezclamos palabras para formar nuevas. A continuación, algunos ejemplos:

brunch (breakfast and lunch)
camcorder (camera recorder)
cremains (remains after cremation)
docudrama (documentary drama)
infomercial (informational commercial)
kidvid (kids' video)
pixel (picture element)
simulcast (simultaneous broadcast)
sitcom (situation comedy)
smog (smoke and fog)

■ Formamos palabras derivadas de productos creados y registrados por compañías, sin importar su manufactura. Eventualmente, estas palabras pierden sus letras mayúsculas, como se muestra en los siguientes productos comunes:

ping-pong
thermos
xerox

- Creamos nuevas formas basadas en eventos históricos. Por ejemplo, desde el escándalo del Hotel Watergate en 1974, los medios de comunicación tienden a usar el término "gate" para referir a cualquier escándalo. Por ejemplo, "Monicagate" describe la investigacion sexual de 1998 durante los años Clinton.

Para parlantes cuya lengua materna no es el inglés

El aprendizaje de vocabulario en inglés en edad adulta presenta dos grandes dificultades. La primera es las expresiones idiomáticas o modismos. *Idioms* son expresiones en un idioma que no se ajustan estrictamente a las reglas gramaticales, pero que son entendidas por aquéllos que hablan la lengua. Por ejemplo, "I am on the phone" no significa que alguien está *sentado* en el auricular, sino que alguien está *utilizando* el teléfono.

Nuevas expresiones en el idioma son frecuentemente modismos. *Spin doctors* es un buen ejemplo de un modismo. No tiene nada literal que ver con *spinning* o *doctors*. Significa la manera en que los consejeros tratan de examinar el discurso de sus aspirantes para construir una interpretación o evaluación favorable ("*spin*") sobre lo que se dice. "*Spin*" en este contexto se refiere al hecho de dirigir una pelota en cierta dirección para producir una estocada o una fuerza de propulsión particular.

La segunda dificultad se presenta cuando nos damos cuenta de que una palabra tiene doble sentido, es decir, tienen dos significados—como aparece en el diccionario, en primer lugar, y una connotación, es decir, un significado que está asociado con la manera en que las palabras se usan en un contexto particular. Una manera fácil de pensar en connotaciones es como si se imaginara que las palabras tienen sabores. Mientras algunas palabras tienen asociaciones placenteras, otras tienen una connotación menos placentera. Por ejemplo, hay palabras asociadas con la idea de ser delgado; mientras que *slim*, *lithe* o *slender* tienen connotaciones placenteras, *skinny*, *scrawny*, o *skeletal* no las tienen, aun cuando se refieran al mismo concepto de estar *thin*. Los sabores diferentes de las palabras les dan diferentes significados a las oraciones.

De esta manera, la palabra *yuppie* contiene un significado que va más allá de sus siglas—adultos jóvenes que trabajan en ciudades. Ahora se asocia con un estilo de vida organizado para ganar dinero y poder comprar productos de consumo innecesarios. Es así como esta connotación poco placentera es diferente de la que hallarías en el diccionario.

Por esta razón, aquéllos para quienes el inglés no es su lengua materna tienen que hablar y practicar estas interpretaciones y nuevos significados con personas nativas. En estos casos, el diccionario generalmente es de menos ayuda de lo que parece. Es buena idea hablar con toda clase de persona que habla inglés—cada persona te puede enseñar algo más.

▶ Ortografía derivada de vocabulario alusivo y convertido en nuevo y emergente

Los términos nuevos, en muchos casos, se escriben con facilidad si recuerdas la ortografía de los componenetes individuales de la palabra. Un ejemplo es la palabra mezclada *stagflation*, la cual se refiere a los precios altos en una economía lenta y fue derivada de las palabras *stagnant* y *inflation*. Sabiendo la ortografía y el significado de estas dos palabras, te será más fácil saber la ortografía del nuevo término.

Aquí hay algunos consejos ortográficos que puedes usar con nuevas palabras:

- Busca palabras compuestas: sunbelt, rustbelt, rainmaker, downsizing, meltdown, headhunter.
- Busca prefijos familiares: *dis*incentive, *co*-parenting, *bio*sphere, *pre*quel.
- Divide palabras en sílabas: gen-tri-fi-ca-tion, sur-ro-gate.

Ejercicios con los nuevos términos

Prueba tus estrategias con algunas palabras y frases nuevas alistadas abajo. Iguala las definiciones de las palabras de la primera columna con ellas de la segunda columna. Las respuestas están al final de la lección.

_____ **1.** surrogate mothers

_____ **2.** headhunter

_____ **3.** palimony

_____ **4.** Rust Belt

_____ **5.** upscale

_____ **6.** prequel

_____ **7.** disincentives

_____ **8.** Generation X

_____ **9.** cash cow

_____ **10.** downsizing

a. reasons not to take a particular course of action

b. a story that tells what happened before another story

c. an area characterized by abandoned factories and heavy industries

d. mothers who bear children for other women

e. refers to high-priced goods and services, or the people who use them

f. money to support a partner in an unmarried relationship after the relationship is over

g. a business or an investment made to yield immediate profit

h. an employment agency

i. firing employees in an effort to save money

j. people born in the 1960s and 1970s

▶ Como aprender términos nuevos

Ya que el idioma inglés está continuamente agregando términos y frases nuevas, el aprender este nuevo vocabulario es un proceso que se realiza a lo largo de la vida. Aquí hay algunas estrategias generales para enfrentarse con este vocabulario emergente:

- Sé consciente del lenguaje que escuchas a tu alrededor. Cuando escuches o leas las noticias, escribe palabras y frases desconocidas.
- Usa lo que ya sabes para figurarte el significado de nuevos términos. Muchos *neologisms* o *new words* tienen significados bastante obvios porque fueron creados por necesidades específicas.

▶ Práctica

Completa los ejercicios 1 y 2 y compara tus respuestas al final de esta lección. Si tu resultado es menos del 80 por ciento en cualquiera de los ejercicios, haz el ejercicio 3 para práctica adicional.

Ejercicio 1

Del "banco" de palabras alistadas abajo, selecciona el término que más corresponde a los párrafos siguientes.

Word Bank

cryogenics	human resources
disincentives	outsourcing
downsizing	policy wonk
fast track	spin doctors
global warming	tabloid television
greenhouse effect	worst-case scenario

1. The study of the physics of very low temperatures and their effects on the body is called _____.

2. Just to be safe, bosses always plan for the _____.

3. We don't like to say we are firing people; we prefer to say we are _____ our staff.

4. American industry has been scaled back as companies find foreign labor through _____.

5. After a politician speaks out on an issue, the _____ come on the air to put the most favorable interpretation on his remarks.

6. When we look for a job we inquire at the _____ department, once called "personnel."

7. If you want to hear about the seamy side of life, you can find all you want on _____, which specializes in sensational stories.

8. When a young employee is quickly promoted, he seems to be on the _____ to success and power.

9. Scientists warn that the _____ created by carbon dioxide emissions is raising temperatures worldwide and resulting in _____.

10. An expert or advisor to politicians regarding issues of public concern is sometimes called a _____.

Resultado del ejercicio 1: _____ (en base a 11)

Ejercicio 2

Selecciona la palabra compuesta o el nombre de marca que major complete las oraciones siguientes.

11. If I wanted to photocopy something, I would _____ it.

12. If I wanted to watch an amusing program with a continuing story line, I would watch my favorite _____.

13. A program on television that featured new cosmetics might be an _____.

14. Some cities are chronically polluted by a thick ceiling of _____.

15. On Sunday mornings, groups of friends gather for _____.

16. If I wanted to have fun, I would play _____ with a friend.

17. If I want to make a film of my child's birthday party, I could use a _____.

18. If I want to watch a concert on television and listen to it on the radio at the same time, it needs to be _____.

19. For our hike, we are taking a _____ of coffee.

20. People sometimes scatter the ashes or _____ of a loved one in a special place.

Resultado del ejercicio 2: _____

Ejercicio 3

Determina como cierto o falso las oraciones siguientes, de acuerdo al significado de las palabras subrayadas.

_____ **21.** <u>Hip-hop</u> is a style of music and dance that originated in urban areas.

_____ **22.** A <u>docudrama</u> is an imaginative look at a real situation.

_____ **23.** You could use a <u>thermos</u> to catch fish.

_____ **24.** A person who <u>goes ballistic</u> is calm and assured.

_____ **25.** The process by which people make connections for the purpose of doing business is called <u>networking</u>.

_____ **26.** <u>In-vitro fertilization</u> takes place outside the mother's body.

_____ **27.** Despite their hot climate, many <u>Sun Belt</u> cities now have their own ice-hockey teams.

_____ **28.** An exact genetic duplication is a <u>biosphere</u>.

_____ **29.** <u>Infomercials</u> are often shown late at night and last up to 30 minutes.

_____ **30.** When a company hires an outside party to provide certain materials or services, that company is <u>outsourcing</u>.

Resultado del ejercicio 3: _____

▶ Ejercicio final

Escoge diez palabras de esta lección que necesites recordar. Escribe cinco en los espacios de abajo y las demás en tus tarjetas de trabajo.

_____

_____

_____

_____

_____

Técnicas adquiridas

En un periódico o revista lee un artículo de ciencia. Cuando los escritores usan palabras de un vocabulario nuevo, ellos en el proceso definen su significado. Añade cualquier palabra desconocida a tu lista de vocabulario y busca su definición.

Haz lo mismo con un artículo de negocios o política. Tal vez no encuentres definiciones exactas de palabras desconocidas, pero sí habrá pistas de contraste, ejemplo o reafirmación para averiguar su significado.

▶ Respuestas

Ejercicios con los nuevos términos

1. d
2. h
3. f
4. c
5. e
6. b
7. a
8. j
9. g
10. i

Ejercicio 1

1. cryogenics
2. worst-case scenario
3. downsizing
4. outsourcing
5. spin doctors
6. human resources
7. tabloid television
8. fast track
9. greenhouse effect, global warming
10. policy wonk

Ejercicio 2

11. xerox
12. sitcom
13. infomercial
14. smog
15. brunch
16. ping-pong
17. camcorder
18. simulcast
19. thermos
20. cremains

Ejercicio 3

21. true
22. true
23. false
24. false
25. true
26. true
27. true
28. false
29. true
30. true

20 ▶ Repaso de vocabulario y ortografía

SUMARIO DE LA LECCIÓN

Esta lección completa tu estudio del vocabulario y la ortografía de palabras. Te enseña a usar las habilidades ortográficas que aprendiste en las lecciones 1–10. También contiene una lista de los errores ortográficos más frecuentes y te enseña a corregirlos. Finalmente te enseña a evitar los diez errores ortográficos y de uso de palabras más frecuentes al escribir.

SI HAS CONSAGRADO 20 minutos diarios a cada una de las lecciones, seguramente has empleado casi un mes para completar este libro. A estas alturas, las páginas deberán estar muy bien marcadas. Esta parte final sintetiza las secciones de vocabulario y ortografía para evaluar cuánto has aprendido.

▶ Ortografía de tu vocabulario

Lo que sigue es una serie de estrategias ortográficas que tú estudiaste en las lecciones 11–19 con ejemplos de palabras usadas en las lecciones 1–10.

Combinaciones de vocales

¿Recuerdas las vocales combinadas que estudiaste en la lección 12? Aquí están algunas palabras que son excepciones a las reglas que se aplican en ellas.

- **Villain** sigue la regla de la *ai*—*ai* suena como *uh*.
- **Naïve** no sigue la regla de la *ai*. Su sonido es el mismo que el sonido emitido en francés, del cual se deriva y que tiene dos sílabas: nah-EEVE. Por otro lado, la ai de **malaise** suena como una *a* larga.
- **Depreciation, agrarian, jovial,** y **draconian** siguen la regla de la *ia*. Las dos vocales se pronuncian separadamente.
- **Revenue** tiene un sonido de *oo* al final señalado por la *e* muda del final.

Consonantes mudas

Aquí están algunas palabras que aprendiste y que con tienen consonantes mudas.

- **Malign** tiene una *g* muda. Una buena manera de recordar esto, es pensar en la forma de su sustantivo, *malignancy*. Tu escuchas la *g* duro en malignancy que te ayudará a recordar que existe.
- **Debut, faux pas, précis, coup d'état, potpourri** todas tienen consonantes mudas al final de la sílaba. Estas palabras provienen del francés y conservan su pronunciación original. No existe regla específica para la pronunciación de palabras provenientes de otros idiomas; sólo te queda hallar estrategias para recordarlas.

Palabras con *c* y *g*

La *c* y la *g* tienen un sonido suave cuando aparecen delante de *e, i* o *y*: la *c* suena como una *s* y la *g* suena como una *j*. Aquí hay algunos ejemplos:

cynical	precedent
genocide	précis
gerrymander	secession
incisive	tangential

Por otro lado, la *c* y la *g* tienen sonidos fuertes, cuando son seguidas por otras letras: la *c* suena como *k* y la *g* suena como la *g* en gas. Algunos ejemplos son *prosecution* y *jargon*.

Palabras que terminan en *Y*

Algunas de las palabras del vocabulario de este libro que terminan en *y* son las siguientes:

accessory	equity
amnesty	fidelity
antipathy	inventory
apathy	parity
controversy	philanthropy
currency	subsidy

Todas estas palabras son sustantivos. Un verbo que termina en *y* es *rectify*.

Cuando quieres formar los plurales de estas palabras, cambia la *y* por la *i* y añade *-es*. Escoge cuatro de las palabras anteriores y escribe sus plurales a continuación.

_____

_____

Palabras con finales significativos

Si sabes la ortografía de las partes de las palabras—raíces, prefijos o sufijos—puedes generalmente deletrear la palabra completa, ya que esos elementos cambian difícilmente cuando se les ponen juntos. La lista debajo contiene palabras del vocabulario que usan los sufijos que has estudiado.

-able	biodegrad**able**, laud**able**
-al	fisc**al**, jovi**al**, nomin**al**
-ant/-ance/-ent	exorbit**ant**, remitt**ance**, ante-ced**ent**, incumb**ent**, malevol**ent**
-ic	cryp**tic**, ero**tic**, foren**sic**, narcissis**tic**, quixo**tic**, sto**ic**, titan**ic**
-less	relent**less**
-ment	impedi**ment**, defer**ment**, entitle**ment**, harass**ment**
-ous	conspicu**ous**, copi**ous**, gregari**ous**, tenaci**ous**
-tion	arbitra**tion**, deposi**tion**, deprecia**tion**, discrimina**tion**, muta**tion**, prosecu**tion**

Palabras compuestas y palabras con guiones

Aquí hay algunas palabras compuestas o con guiones que has aprendido:

downsizing	upscale
headhunter	voicemail
network	e-mail
software	online
spreadsheet	

▶ Errores comunes de ortografía

Algunas palabras no se conformen a ninguna de las reglas gramaticales u ortográficas, y por lo tanto sólo nos queda aprenderlas de vista. Algunas se aprenden generalmente con dificultad.

Abajo se encuentran doce palabras que aprendiste en este libro y que se confunden muy frecuentemente:

accessory	deferment
belligerent	entrepreneur
beneficiary	harassment
bourgeoise	mediocre
ceiling	repertoire
cynical	thorough

Escoge cuatro de estas palabras o de aquéllas que te sean difíciles y escríbelas en las líneas siguientes. Después, haz tarjetas de trabajo remarcadas con un color especial que indique que prestes atención especial.

_____

_____

Hay muchas más palabras que se escriben y se recuerdan con dificultad. El Apéndice B de este libro alista algunas. Sigue las sugerencias de estudio en dicho capítulo. Practícalas con un compañero hasta que lleguen a ser naturales.

▶ Errores de uso y ortografía más comunes

Alistadas a continuación, se encuentran diez prohibiciones para los errores más frecuentes de escritura. Los errores en estas palabras son muy comunes y continúan siendo un dolor de cabeza para todo el mundo. En control de estas diez prohibiciones, tu escritura nunca volverá a ser obscurecida por tales errores.

Las diez prohibiciones más importantes de escritura

1. **No confundas *its* y *it's*.**
   Its es un pronombre posesivo: A dog knows its owner.
   It's es una contracción por *it is*: It's going to rain.

2. **No confundas *their*, *there* y *they're*.**
   Their es un pronombre posesivo: They went to their homes.
   There es un adverbio de lugar: Sit down over there.
   They're es una contracción por *they are*: They're going home soon.

3. **No confundas *two*, *too* y *to*.**
   Two es un número: She has two college degrees.
   Too significa *también*: She had a new car, too.
   To es una preposición: She went to bed.

4. **No escribas *try and*, *be sure and* o *come and*.**
   Estas frases llevan *to*: Try to understand my point of view and be sure to explain it to your friend. Then come to see me.

5. **No escribas *should of*, *could of*, *must of* o *would of*.**
   Las formas correctas son *should have*, *could have*, *must have*, *would have*: I could have gone to the movies. I should have brought a handkerchief.

6. **No escribas *suppose to* or *use to*.**
   Las formas correctas son *supposed to* y *used to*: I was supposed to go to college but I couldn't get used to being away from home.

7. **Ne confundas *differ from* y *differ with*.**
   Differ from significa *unlike:* Her tests differ from everyone else's exams.
   Differ with significa *disagree:* I differ with him on the issue of capital punishment.

8. **No confundas *amount* y *number*, *less* y *fewer*.**
   Usa *amount* con palabras en singular: There was a large amount of cash missing from the drawer.
   Usa *number* con palabras en plural: There is a large number of ten-dollar bills missing from her wallet.
   Usa *less* con palabras en singular: He has less money than he had last week.
   Usa *fewer* con palabras en plural: He has fewer ways of spending his money.

9. **No confundas *compare with* y *compare to*.**
   Compare with significa ver las similitudes entre dos cosas: She never wanted to compare her daughter *with* her son.
   Compare to significa representar como si fuera alguien parecido a otra persona: As a singer he was being compared *to* Elvis Presley.

10. **Nunca uses la palabra *orientate*.** No existe.
    La palabra que quizás necesitas es *orient*: I wanted to orient myself in my new job before I moved to a new apartment.

▶ Ortografía imprescindible

Para llenar aplicaciones y otra documentación, es preciso saber escribir correctamente todas las palabras y frases importantes. Sobre todo en aplicaciones y en tu curriculum vitae, donde estableces la primera impresión como un empleado en potencia, querrás que tus palabras estén bien presentadas.

Por ningún motivo llenes formas sin saber la escritura correcta de:

- Las calles de tu dirección. Pueden ser cuestionadas sobre tus direcciones pasadas (en los cinco años pasados) y debes saber y ser capaz de escribirlas correctamente.
- Los nombres y posiciones de personas que te han referido.
- Las compañías con que has trabajado.
- Grados y certificaciones que tienes.
- Posiciones y títulos de los trabajos que has desempeñado.
- La información básica que la aplicación requiera. A continuación hay algunos términos que se usan comúnmente en aplicaciones y otros cuestionarios que se llenan para obtener trabajo.

applicant	maintenance
available	part-time
benefits	personnel
cashier	promotion
certificate	references
clerical	retail
diploma	superintendent
full-time	wholesale

▶ Práctica

Completa los ejercicios 1 y 2 y compara tus respuestas al final de esta lección. Si tu resultado es menos del 80 por ciento en cualquiera de los ejercicios, haz el ejercicio 3 para práctica adicional.

Ejercicio 1

Rodea con un círculo la palabra escrita correctamente:

1. **a.** coppious
   b. copius
   c. copious
   d. copeous

2. **a.** depresheashun
   b. deprecation
   c. deppreciation
   d. depreciation

3. **a.** exorbitant
   b. ex-orbitant
   c. exourbitant
   d. exorbitent

4. **a.** entitlment
   b. entitelment
   c. entitlement
   d. entitalment

5. **a.** narcissitik
   b. narcisistic
   c. narcississtic
   d. narcissistic

6. a. laudeble
  b. laudible
  c. laudable
  d. laudebel

7. a. anmesty
  b. amnesty
  c. amnisty
  d. anmusty

8. a. currensy
  b. currincy
  c. curency
  d. currency

9. a. controversy
  b. controversie
  c. contraversy
  d. contriversy

10. a. parety
  b. parity
  c. paratie
  d. parrity

Resultado del ejercicio 1: _____

Ejercicio 2
Selecciona la palabra o la frase correcta en las oraciones siguientes:

11. (Its/It's) not going to be easy to go back to work.

12. (They're/Their) favorite dessert is chocolate mousse.

13. We (should of/should have) gone to Florida for the winter.

14. It takes time to get (orientated/oriented) to a new neighborhood.

15. You should (try and/try to) get some rest before the trip.

16. Don't be (to/too/two) upset over the baseball standings.

17. She had saved a large (number/amount) of antique dolls from her mother's collection.

18. I was (suppose to/supposed to) vacuum the living room, but I simply forgot.

19. She (differed with/differed from) her sister with regard to gun control.

20. As a home-run hitter, he was often (compared to/compared with) Babe Ruth.

Resultado del ejercicio 2: _____

Ejercicio 3
Descifra las siguientes palabras subrayadas. Todas aparecen en esta lección.

21. calfis _____

22. diancrona _____

23. patithnay _____

24. lompida _____

25. vijola _____

26. teroci _____

27. tenkrow _____

28. sonperlen _____

29. venmalotel _____

30. sicrofen _____

Resultado del ejercicio 3: _____

▶ Ejercicio final

¡Felicidades! Casi has terminado este libro y si has seguido nuestros consejos en cuanto a tu lista de palabras, a estas alturas tendrás 100 o más palabras nuevas correctamente en tu vocabulario. Ahora te encuentras mejor preparado que antes de haber empezado a estudiar este libro, y te ayudará a realizar exitosamente tus objetivos, sean el escribir un memorándum, el expresar tus ideas en una junta de trabajo o el llenar una aplicación de trabajo.

No te pares ahora. El apéndice te aconsejará paso a paso cómo prepararte para tomar un examen estandarizado en que necesitas tener exito para conseguir ese gran trabajo que deseas.

El aprender vocabulario y ortografía es un proceso largo. Ve los apéndices para consejos adicionales y fuentes de información para mejorar tu poder sobre las palabras a lo largo de la vida.

▶ Respuestas

Ejercicio 1	Ejercicio 2	Ejercicio 3
1. c	**11.** It's	**21.** fiscal
2. d	**12.** Their	**22.** draconian
3. a	**13.** should have	**23.** antipathy
4. c	**14.** oriented	**24.** diploma
5. d	**15.** try to	**25.** jovial
6. c	**16.** too	**26.** erotic
7. b	**17.** number	**27.** network
8. d	**18.** supposed to	**28.** personnel
9. a	**19.** differed with	**29.** malevolent
10. b	**20.** compared to	**30.** forensic

Evaluación final de vocabulario y ortografía

AHORA QUE HAS DEDICADO tanto tiempo a mejorar tus habilidades ortográficas y de escritura, elabora esta prueba final para evaluar cuánto has aprendido en total. Si al principio del libro completaste la pre-evaluación, podrás comparar lo que sabías antes con lo que has aprendido.

Si tu resultado final es mejor que el primero, felicidades; has mejorado notablemente gracias a un esfuerco impresionante. Si tu resultado sólo muestra poco mejoramiento, quizás haya algunos capítulos que quisieras revisar. ¿Identificas algún tipo de pregunta en que has fallado recurrentemente? No obstante tu resultado en esta prueba final, mantén este libro cerca de ti para revisar y consultar la ortografía o definición de palabras cuando lo necesites.

Hay una hoja de respuestas en la página siguiente, la cual puedes utilizar para contestar las respuestas. También puedes rodear en un círculo el número de la respuesta correcta, si así lo prefieres. Si el libro no te pertenece, en una hoja en blanco escribe de uno a cincuenta para apuntar tus respuestas. Utiliza el tiempo necesario para elaborar esta prueba. Cuando la termines, compara tus respuestas con la hoja de respuestas correctas ubicada al final de la prueba. En cada respuesta se especifica la lección que aborda la pregunta en cuestión.

1.	ⓐ	ⓑ	ⓒ	ⓓ		21.	ⓐ	ⓑ	ⓒ	ⓓ		41.	ⓐ	ⓑ	ⓒ	ⓓ
2.	ⓐ	ⓑ	ⓒ	ⓓ		22.	ⓐ	ⓑ	ⓒ	ⓓ		42.	ⓐ	ⓑ	ⓒ	ⓓ
3.	ⓐ	ⓑ	ⓒ	ⓓ		23.	ⓐ	ⓑ	ⓒ	ⓓ		43.	ⓐ	ⓑ	ⓒ	ⓓ
4.	ⓐ	ⓑ	ⓒ	ⓓ		24.	ⓐ	ⓑ	ⓒ	ⓓ		44.	ⓐ	ⓑ	ⓒ	ⓓ
5.	ⓐ	ⓑ	ⓒ	ⓓ		25.	ⓐ	ⓑ	ⓒ	ⓓ		45.	ⓐ	ⓑ	ⓒ	ⓓ
6.	ⓐ	ⓑ	ⓒ	ⓓ		26.	ⓐ	ⓑ	ⓒ	ⓓ		46.	ⓐ	ⓑ	ⓒ	ⓓ
7.	ⓐ	ⓑ	ⓒ	ⓓ		27.	ⓐ	ⓑ	ⓒ	ⓓ		47.	ⓐ	ⓑ	ⓒ	ⓓ
8.	ⓐ	ⓑ	ⓒ	ⓓ		28.	ⓐ	ⓑ	ⓒ	ⓓ		48.	ⓐ	ⓑ	ⓒ	ⓓ
9.	ⓐ	ⓑ	ⓒ	ⓓ		29.	ⓐ	ⓑ	ⓒ	ⓓ		49.	ⓐ	ⓑ	ⓒ	ⓓ
10.	ⓐ	ⓑ	ⓒ	ⓓ		30.	ⓐ	ⓑ	ⓒ	ⓓ		50.	ⓐ	ⓑ	ⓒ	ⓓ
11.	ⓐ	ⓑ	ⓒ	ⓓ		31.	ⓐ	ⓑ	ⓒ	ⓓ						
12.	ⓐ	ⓑ	ⓒ	ⓓ		32.	ⓐ	ⓑ	ⓒ	ⓓ						
13.	ⓐ	ⓑ	ⓒ	ⓓ		33.	ⓐ	ⓑ	ⓒ	ⓓ						
14.	ⓐ	ⓑ	ⓒ	ⓓ		34.	ⓐ	ⓑ	ⓒ	ⓓ						
15.	ⓐ	ⓑ	ⓒ	ⓓ		35.	ⓐ	ⓑ	ⓒ	ⓓ						
16.	ⓐ	ⓑ	ⓒ	ⓓ		36.	ⓐ	ⓑ	ⓒ	ⓓ						
17.	ⓐ	ⓑ	ⓒ	ⓓ		37.	ⓐ	ⓑ	ⓒ	ⓓ						
18.	ⓐ	ⓑ	ⓒ	ⓓ		38.	ⓐ	ⓑ	ⓒ	ⓓ						
19.	ⓐ	ⓑ	ⓒ	ⓓ		39.	ⓐ	ⓑ	ⓒ	ⓓ						
20.	ⓐ	ⓑ	ⓒ	ⓓ		40.	ⓐ	ⓑ	ⓒ	ⓓ						

► Evaluación final

Selecciona la palabra correcta para cada oración.

1. The U.S. diplomat argued that China should grant _____ to all of its political prisoners.
a. amnesty
b. synthesis
c. continuity
d. precedence

2. The firm's interest-bearing deposits have _____ between one and two percentage points over the past five years.
a. valorized
b. fluctuated
c. demoted
d. actualized

3. I thought platform shoes were _____, but now I see they're back in style.
a. naive
b. maudlin
c. tangential
d. passé

4. Larry was born in Kentucky and has been a(n) _____ of horse racing his entire life.
a. progenitor
b. saboteur
c. pariah
d. aficionado

5. After failing his senior year in high school, Sam knew that his intention to complete college was, at best, _____.
a. enfeebling
b. quixotic
c. nepotistic
d. didactic

Selecciona el significado que más se asimile a las palabras siguientes.

6. belligerent
a. warlike
b. flighty
c. easily tired
d. beautiful

7. retrospect
a. analytic
b. careful
c. hindsight
d. a magnifying instrument

8. subsidy
a. the punishment of a criminal offense
b. the aftermath of a storm
c. money given in support of a cause or industry
d. a vote directly by the people

9. cryptic
a. mysterious
b. evil
c. a spy code
d. a tomb

10. cybernetics
   a. religions involving the practice of meditation
   b. the study of computers
   c. radar technology
   d. the application of freezing temperatures to matter

Selecciona el significado que describa lo contrario de las palabras siguientes.

11. credence
   a. punishment
   b. disbelief
   c. praise
   d. success

12. blasé
   a. enthusiastic
   b. orderly
   c. very unkind
   d. extremely cheerful

13. conspicuous
   a. sexually inactive
   b. even-tempered
   c. unbelievable
   d. hidden

14. euphemism
   a. a depression in mood brought on by drugs
   b. an action that is typically masculine
   c. a negative term for something normally considered positive
   d. disagreement over a course of action

15. ersatz
   a. pious
   b. beautiful
   c. accepting
   d. genuine

Escoge la palabra que más se acerque a la definición.

16. the buying and selling of stocks to make a quick profit
   a. nepotism
   b. recidivism
   c. arbitrage
   d. propinquity

17. coercion or undue pressure
   a. mutation
   b. harassment
   c. bigotry
   d. vilification

18. an international business association
   a. enclave
   b. coup d'état
   c. cartel
   d. proletariat

19. plentiful
   a. copious
   b. puerile
   c. titanic
   d. grandiloquent

20. a nonconformist
   a. narcissist
   b. cash cow
   c. arbiter
   d. maverick

Escoge la palabra alternativa que más se acerque a la palabra subrayada.

21. Harrison's job was to maintain the camp's <u>database</u>.
   a. enrollment
   b. scholarship program
   c. stored information
   d. headquarters

22. The candidate for the position knew the <u>jargon</u> and had a pleasant demeanor.
   a. scientific specialty
   b. public policy issues
   c. language particular to the field
   d. behavior code

23. The child had a <u>stoic</u> attitude toward school.
   a. tainted
   b. uncomplaining
   c. angry
   d. self-defeating

24. The President argued that the trade practices of the outer islands needed to be <u>rectified</u>.
   a. delayed
   b. revealed
   c. negotiated
   d. corrected

25. The only way to lessen the strife between the majority and ethnic minorities is through <u>assimilation</u>.
   a. fitting in
   b. due legal process
   c. affirmative action
   d. forgetting the past

Encuentra la palabra escrita incorrectamente.

26. The only coherant argument offered an undesirable alternative.
   a. coherant
   b. argument
   c. offered
   d. undesirable

27. The report was abundantly thorough, but committed some grevious statistical errors.
   a. abundantly
   b. thorough
   c. committed
   d. grevious

28. The new, peaceable attitude between the nations came about as the result of trade embargos, not very subtle disincentives.
   a. peaceable
   b. embargos
   c. subtle
   d. disincentives

29. The sophomore debate, although it more resembled a sitcom, was similcast over university radio and television channels.
   a. sophomore
   b. sitcom
   c. similcast
   d. channels

30. One of the most prominent indicators of the political status of children's health issues is attendance at Unicef conferences.
   a. prominent
   b. status
   c. attendance
   d. Unicef

Encuentra la palabra escrita correctamente.

31. a. iregular
  b. accessible
  c. acrual
  d. priviledge

32. a. beverege
  b. miniture
  c. inheritance
  d. dismisal

33. a. skein
  b. surveilance
  c. imagineable
  d. controled

34. a. traficking
  b. loaves
  c. rail-road
  d. choclate

35. a. reenactment
  b. un-American
  c. lift-off
  d. play-pen

Encuentra la palabra correcta y escríbela sobre la línea en las oraciones siguientes.

36. John didn't take the whole course of his
  _____ and became ill again.
  a. antebiotic
  b. ante-biotic
  c. anti-biotic
  d. antibiotic

37. That television show was interrupted every
  15 minutes by _____.
  a. informertials
  b. infomercials
  c. info-mercials
  d. infomertials

38. In order to find out if there was a tumor, the
  doctor ordered a _____.
  a. CATSCAN
  b. cat-scan
  c. CAT scan
  d. Cat Scan

39. The teacher questioned the _____ of Jan's
  behavior.
  a. apropriateness
  b. apropriatness
  c. appropriatness
  d. appropriateness

40. If Matt had listened to his _____ he
  wouldn't be feeling guilty today.
  a. conscience
  b. conscious
  c. concsience
  d. consciense

Encuentra la palabra escrita correctamente.

41. **a.** hygiene
   b. hygene
   c. hygien
   d. hygeine

42. **a.** acidentally
   b. accidentaly
   c. accidentally
   d. acidentaly

43. **a.** giraffe
   b. girraffe
   c. girraff
   d. giraff

44. **a.** colaboration
   b. collaborration
   c. colaberration
   d. collaboration

45. **a.** pseudonym
   b. pseudonymn
   c. psuedonym
   d. psuedonymn

Encuentra la oración en la cual la palabra subrayada esté escrita correctamente.

46. **a.** In the old days, men would sometimes <u>dual</u> to save their honor.
   b. The committee has a <u>duel</u> purpose, one functional and one merely political.
   c. If you wish to <u>effect</u> the judge's decision, then you'll need to speak your mind.
   d. Jan's performance <u>affected</u> her audience deeply.

47. **a.** Kathy's <u>two</u> children were born in 1993 and 1996.
   b. The horses feed bunk is built <u>too</u> close to the ground.
   c. <u>Carls'</u> job ends during the spring of next year.
   d. <u>Bens</u> major is finance.

Encuentra la palabra escrita incorrectamente.

48. **a.** palimony
   b. chagrinned
   c. weird
   d. rhetorical

49. **a.** cremains
   b. symmetrical
   c. vetoes
   d. lonelyness

50. **a.** aleviate
   b. achieving
   c. dictionary
   d. pre-empt

▶ Respuestas

Si tu fallaste algunas respuestas, la lección indicada al lado de cada respuesta te ayudará a revisar tus errores.

1. a. Lección 2	**26. a.** Lección 16
2. b. Lección 3	**27. d.** Lección 14
3. d. Lección 1	**28. b.** Lección 15
4. d. Lección 7	**29. c.** Lección 19
5. b. Lección 8	**30. d.** Lección 18
6. a. Lección 3	**31. b.** Lección 16
7. c. Lección 5	**32. c.** Lección 16
8. c. Lección 2	**33. a.** Lección 11
9. a. Lección 6	**34. b.** Lección 15
10. b. Lección 10	**35. b.** Lección 17
11. b. Lección 4	**38. d.** Lección 17
12. a. Lección 1	**37. b.** Lección 19
13. d. Lección 4	**38. c.** Lección 18
14. c. Lección 5	**39. d.** Lección 14
15. d. Lección 7	**40. a.** Lección 11
16. c. Lección 9	**41. a.** Lección 11
17. b. Lección 9	**42. c.** Lección 12
18. c. Lección 2	**43. a.** Lección 13
19. a. Lección 6	**44. d.** Lección 17
20. d. Lección 8	**45. a.** Lección 13
21. c. Lección 10	**46. d.** Lección 12
22. c. Lección 9	**47. a.** Lección 18
23. b. Lección 8	**48. b.** Lección 13
24. d. Lección 6	**49. d.** Lección 14
25. a. Lección 4	**50. a.** Lección 12

Apéndice: Prepararse para exámenes ▶

LA MAYORÍA DE NOSOTROS nos ponemos nerviosos al tomar un examen, sobre todo un examen estandarizado, de que nuestros puntajes pueden afectar seriamente nuestro futuro. La nerviosidad es natural y aun puede ser beneficiosa si aprendes a canalizarla correctamente en energía positiva.

Las páginas siguientes ofrecen sugerencias para sobrepasar la ansiedad de tomar un examen tanto en los días y semanas antes del examen como durante el mismo.

▶ Dos o tres meses antes del examen

El mejor método de combatir la ansiedad de un examen es estar preparado. Eso significa dos cosas: saber lo que se espera ver en el examen y revisar el material y las técnicas que se examinarán.

Sepa qué esperar

¿Qué conocimiento o habilidad estará en la prueba? ¿Qué es lo que se espera que sepa? ¿Qué habilidades tiene que demostrar? ¿Cuál es el formato de la prueba? ¿De alternativa múltiple, falso o verdadero, ensayo? Si es posible, vaya a la biblioteca o a la librería y obtenga una guía de estudio que le demuestre con un ejemplo de cómo será el éxamen. O quizás la agencia que está administrando la prueba provea guías de estudio u ofrezca secciones de tutoría. Cuanto más sepa que esperar, tanto más confidente se sentirá para responder a las preguntas.

Revise el material y las habilidades en las que será examinado

El hecho de que usted esté leyendo este libro significa que ya ha tomado los pasos necesarios en relación a la lectura y la comprensión. Ahora, ¿hay otros pasos que usted necesita tomar? ¿Hay otras áreas temáticas que usted necesita revisar? ¿Puede mejorar en esta u otra área? Si de veras está nervioso o si es que ha pasado mucho tiempo desde la última vez que usted revisó el material, se sugiere que quizás sea mejor que compre una nueva guía de estudio, tome una clase en su vecindario o trabaje con un tutor.

Cuanto más sabe lo que se espera en el examen, tanto más confidente se siente usted con el material o las habilidades a ser evaluadas; además, menos ansioso se sentirá y sacará más del examen.

▶ Los días antes del examen

Revise, no estudie a la rápida

Si ha estado preparándose y revisando el material durante las semanas antes del examen, no hay necesidad de que se desespere unos días antes de tomarlo. Es muy probable que el estudiar a la rápida lo confunda y le haga sentir nervioso. En lugar de eso, establezca un horario para revisar relajadamente todo lo que usted ha aprendido.

Actividad física

Haga ejercicios antes del día del éxamen. Al hacerlo enviará más oxígeno a su cerebro y permitirá que su función de razonamiento se crezca en el día que tome el examen. Aquí, "moderación" es la palabra clave. Usted no quiere hacer tantos ejercicios que después se sienta totalmente agotado, pero un poco de actividad física dará vigor a su cuerpo y cerebro. El caminar es un ejercicio muy bueno, de bajo impacto y promotor de energía.

Dieta balanceada

Como su cuerpo, su cerebro para funcionar necesita los nutrientes apropiados. Antes del día del examen, coma fruta y vegetales en abundancia. Comidas altas en contenido de lecitina, como por ejemplo pescado y habichuelas, son buenas selecciones. La lecitina es una proteína que el cerebro necesita para optimizar su actividad. Unas semanas antes del examen, usted puede aun considerar una visita a su farmacia local para comprar una botella de lecitina en tabletas.

Descanso

Duerma bien antes de tomar el examen. Pero, no se exceda o quedará un tanto adormitado que es como si estuviese cansado. Vaya a dormir a una hora razonable, suficientemente temprano para tener unas cuantas horas que le permitan funcionar efectivamente. Usted se sentirá relajado y descansado si puede dormir bien durante los días antes del día del examen.

Marcha de ensayo

En cualquier momento antes de tomar el examen, haga una marcha de ensayo al lugar donde se va a llevar a cabo el examen para determinar cuánto tiempo tardará en llegar allá. El apresurarse incrementa su energía emocional y rebaja su habilidad intelectual; así, tiene que darse tiempo suficiente para llegar al lugar donde se administrará el examen. El llegar diez o quince minutos antes le da tiempo suficiente para calmarse y ubicarse.

Motivación

Para después del examen, planee algún tipo de celebración—con su familia y amigos o simplemente usted solo. Asegúrese de que va a ser algo esperado y que le va a gustar. Si usted tiene realmente algo que esperar después de tomar el examen, usted podrá prepararse y avanzar más fácilmente durante el examen.

▶ El día del éxamen

Finalmente ha llegado el gran día esperado, el día del examen. Ponga su alarma lo suficientemente temprano para darse el tiempo necesario que requiera para llegar al lugar del examen. Tome un buen desayuno. Evite todo lo que tenga un alto contenido de azúcar. Si bien una sobredosis de azúcar hace que uno se sienta alerta y despierto, esto sólo dura por una hora más o menos. Los cereales y las tostadas, o algo que incluye un alto contenido de carbohidratos es la mejor opción. Coma en moderación. No debe tomar el examen con el estómago muy lleno ya que su cuerpo, en lugar de canalizar todas las energías a su cerebro, las canalizará a su estómago.

Enpaque entre sus cosas un bocado alto en contenido energético para que así, si es que hay un descanso intermedio durante el examen, usted pueda comer algo. Los plátanos son lo mejor ya que tienen un contenido moderado de azúcar y suficientes nutrientes cerebrales como el potasio. La mayoría de los procuradores de exámenes no dejan que uno coma cuando está tomando el examen, pero un dulce de menta no es un gran problema. Los dulces de menta son como sales aromáticas para el cerebro. Si usted pierde su concentración o sufre de una momentánea pérdida de memoria, un dulce de menta le puede poner otra vez en forma. No se olvide de la recomendación anterior sobre el relajarse y el tomar unos cuantos suspiros profundos.

Salga suficientemente temprano para así tener bastante tiempo para llegar al lugar del examen. Deje unos cuantos minutos suplementarios para si hay un tráfico excesivo. Cuando llegue, ubique los servicios y úselos. No hay muchas cosas que interfieren con la concentración como el tener una vejiga llena. Encuentre en seguida su asiento y asegúrese de que esté cómodo. Si no es así, dígaselo al procurador y trate de encontrar en lugar más adecuado.

Ahora relájese, y piense positivamente. Antes de que pueda darse cuenta, el examen terminará y usted saldrá de éste sabiendo que ha hecho un buen trabajo.

▶ Cómo dominar la ansiedad de un examen

Bueno, usted sabe el material incluido en el examen. Usted ha revisado los temas y practicado las técnicas que serán evaluadas. Entonces, ¿por qué sigue sintiendo cosquilleos en el estómago?, ¿por qué tiene las palmas sudorosas y las manos temblorosas?

Aun los examinantes más brillantes y mejor preparados a veces sufren de ataques de ansiedad antes de una prueba. Pero no se preocupe; usted puede sobrepasarlo. A continuación hay una lista de estrategias que le pueden ser útiles.

Tome el examen respondiendo pregunta por pregunta

Toda su atención debe de estar enfocada en la pregunta que está contestando. Borre de su mente pensamientos relacionados con preguntas ya contestadas, y elimine preocupaciones de lo que viene después. Ponga toda su concentración donde le sea más beneficioso, en la pregunta que actualmente está contestando.

Adquiera una actitud positiva

Recuérdese a sí mismo que usted está preparado. A propósito si usted leyó este libro o algún otro de la serie del *LearningExpress*, puede ser que esté mejor preparado que la mayoría de aquéllos que están tomando el examen. Recuerde que es sólo una prueba y que usted tratará de hacerlo lo mejor posible. Eso es todo lo que se puede pedir de usted. Si esa voz de sargento dentro de su cabeza comienza a enviarle mensajes negativos, combátalos con sus propios mensajes positivos. Dígase a sí mismo:

- "Lo estoy haciendo bastante bien."
- "Estoy preparado para este examen."
- "Yo sé exactamente lo que tengo que hacer."
- "Yo sé que puedo obtener el puntaje que deseo."

Usted se puede imaginar. Recuerde de reemplazar mensajes negativos con sus propios mensajes positivos.

Si usted pierde la concentración

No se preocupe mucho. Es normal. Durante un examen largo, le pasa a todo el mundo. Cuando la mente está muy tensa o cansada, lo quiera usted o no, toma un descanso. Es fácil el volver a concentrarse si se da cuenta de que la ha perdido y que necesita tomar un descanso. Su cerebro necesita muy poco tiempo para descansar (a veces es cuestión de segundos).

Ponga de lado su lápiz y cierre los ojos. Respire profundo, y exhale muy lentamente. Escuche el sonido de su respiración mientras repite este ejercicio dos o más veces. Los pocos segundos que toma es el tiempo necesario que su cerebro necesita para relajarse y alistarse para poder enfocarse nuevamente. Este ejercicio también le ayudará a controlar los latidos de su corazón para así poder mantener la ansiedad al margen.

Si usted se llega a paralizar

No se preocupe por una pregunta que le hace tropezar aun si usted sabe su respuesta. Márquela y siga adelante con la pregunta siguiente. Usted puede regresar a la pregunta más tarde. Trate de ponerla completamente de lado hasta que pueda regresar a ella. Deje que su subconsciente trabaje en esa pregunta mientras que su conciencia se enfoca en otras cosas (una por una, naturalmente). Lo más probable es que este olvido pasajero pase cuando usted pueda volver a esa pregunta.

Si usted se paraliza antes de comenzar la prueba, esto es lo que tiene que hacer:

1. Haga ejercicios de respiración ya que le ayudarán a relajarse y enfocarse.
2. Recúerdese que usted está preparado.
3. Tome su tiempo para repasar el examen.
4. Lea algunas de las preguntas.
5. Decida cuáles son las más fáciles y comience por ellas.

Dentro de poco usted estará listo.

▶ Estrategias para controlar el tiempo

Uno de los elementos más importantes como también más horripilantes de un examen estandardizado es el tiempo. Ya que usted tendrá solamente cierto número de minutos para cada sección, es muy importante que use sabiamente su tiempo.

Mida su velocidad

Una de las estrategias más importantes es el poder medir su velocidad. Antes de empezar, tome unos segundos para revisar el examen anotando siempre el número de preguntas y secciones que son más fáciles que el resto del examen. A continuación haga un horario estimado basándose en el tiempo que tenga para tomar el examen. Marque la parte central del examen y anote al lado de esta marca la hora que será cuando la mitad del tiempo del examen haya pasado.

Siga adelante

Una vez que haya comenzado a tomar el examen, no pare. Si usted se dispone a trabajar lentamente con la idea de hacer menos errores, su mente se cansará y comenzará a divagar. Entonces, terminará por hacer más errores por no concentrarse. Pero aun si usted tarda mucho tiempo en responder a las preguntas, terminará perdiendo el tiempo antes de que pueda haber llegado al fin.

No pare si encuentra preguntas difíciles. Déjelas para más adelante y siga con las otras preguntas; usted puede regresar a ellas más tarde si le queda tiempo suficiente. Una pregunta que tarda más de cinco segundos en contestar cuenta igual a otra que puede tardar más tiempo en contestar. Entonces, elija primero las preguntas que tienen menos puntaje. Además que el contestar las preguntas fáciles primero le ayudarán a ganar más confidencia y a que se acondicione al examen. ¿Quién sabe si a medida que toma el examen, usted encuentre información relacionada con aquellas preguntas más difíciles?

No se apresure

Siga avanzando, pero no se apresure. Imagínese que su mente es un cerrucho; en uno de sus lados está la energía emocional, y en el otro la energía intelectual. Cuando su energía emocional está alta, su capacidad intelectual está baja. Recuerde lo difícil que es razonar con alguien cuando se encuentra enojado. Por otra parte, cuando su energía intelectual está alta, su energía emocional está baja. El apresurarse eleva su energía emocional y reduce su capacidad intelectual. ¿Recuerda la última vez que llegó tarde al trabajo? Toda esa prisa causó que usted se olvidara de algo importante, como por ejemplo su almuerzo. Tome el examen rápidamente para que su mente no empiece a distraerse, pero no se apresure y termine agitado.

Contrólese a sí mismo

Contrólese en la mitad del examen. Si está muy avanzado, sabe que está por buen camino, y que aun tendrá un poco de tiempo para revisar sus respuestas. Si está un tanto retrasado, tiene las opciones siguientes: Usted puede incrementar la velocidad en que responde a las preguntas (pero sólo haga esto si se siente cómodo con las preguntas) o puede saltar algunas preguntas para poder ganar algunos puntajes con las respuestas más fáciles. De todas maneras, esta estrategia tiene una desventaja: por ejemplo, si usted toma un examen donde tiene que marcar sus repuestas en círculos, si usted marca una pregunta correcta en el círculo incorrecto, sus preguntas serán evaluadas como malas. Preste mucha atención al número de preguntas si decide hacer esto.

▶ Evitar los errores

Cuando toma el examen usted quiere hacer los menos errores posibles. A continuación, algunas tácticas para recordar:

Contrólese

¿Recuerde la analogía que se hizo de su mente con un cerrucho? El mantener baja su energía emocional y alta su capacidad intelectual es la mejor manera de evitar errores. Si usted se siente cansado o preocupado, pare por unos cuantos segundos. Reconozca el problema (Ummm, siento un poco de presión en este momento), suspire profundamente algunas veces, y piense en algo positivo. Esto le ayudará a aliviar su ansiedad emocional e incrementará su capacidad intelectual.

Direcciones

En muchos exámenes estandarizados, muchas veces un procurador lee las instrucciones en voz alta. Asegúrese de que usted entiende todo lo que se requiera en el examen. Si todo no está claro, pregunte. Escuche cuidadosamente las instrucciones para poder contestar las preguntas y asegúrese del tiempo que tiene para completar el exámen. Si es que no sabe cuánto tiempo va a durar el examen, escriba el tiempo de su duración en el examen. Si no tiene toda esta información importante, pregunte para obtenerla. Usted la necesita para poder salir bien en el examen.

Los pasajes de lectura y comprensión

Los exámenes estandarizados muy a menudo ofrecen una sección diseñada para evaluar su capacidad de lectura y comprensión. La sección de lectura generalmente contiene pasajes de un párrafo o más. A continuación hay algunas tácticas para trabajar con estas secciones.

Esto puede sonar un tanto extraño, pero algunas preguntas se pueden contestar sin haber leído el pasaje. Si el pasaje es corto (cuatro oraciones más o menos), lea las preguntas primero. Usted puede responder a las preguntas usando el sentido común. Puede revisar sus respuestas más tarde después de que haya leído el pasaje. Sin embargo, no adivine si no está seguro; lea el pasaje cuidadosamente. Si no puede contestar ninguna de las preguntas, igual sabrá qué buscar cuando lea el pasaje. Esto enfoca su lectura y facilita que usted retenga información importante. Muchas de las preguntas se relacionan a detalles aislados del pasaje. Si de antemano usted sabe qué buscar, es más fácil encontrar la información.

Si una lectura es larga y contiene más de diez preguntas, tardará un rato en leer todas las preguntas primero. De todas maneras, tómese unos segundos para revisar las preguntas y leer aquéllas que son cortas. Entonces lea activamente el pasaje. Márquelo y si usted encuentra una oración que parezca establecer la idea principal, subráyela. A medida que usted lea el resto del pasaje, enumere los puntos que apoyan la idea principal. Muchas preguntas se relacionarán a esa información. Si está subrayada o enumerada, usted puede localizarla facilmente. Otras preguntas pedirán información más detallada. Encierre en un círculo información referente a quién, qué, cuándo y dónde. Será fácil encontrar los círculos si es que usted se encuentra con una pregunta que requiera información específica. El marcar un pasaje de esta manera también le ayuda a realizar su concentración y hace que muy probablemente usted vaya a recordar la información cuando se prepare para responder a las preguntas del pasaje.

Escoger las respuestas correctas por proceso de eliminación

Asegúrese del contenido de la pregunta. Si no está seguro de lo que se está preguntando, nunca sabrá si ha esogido la respuesta correcta. Imagínese qué es lo que la pregunta está indicando. Si la respuesta no es obvia, busque por señas en las otras opciones de preguntas. Note las similitudes y las diferencias en las selecciones de respuestas. A veces, esto ayuda a ver la pregunta desde una nueva perspectiva y facilita las respuestas. Si no está seguro de la respuesta, use el proceso de eliminación. Primero, elimine cualquier respuesta posible que sea obviamente incorrecta. Luego estudie las demás posibilidades. Usted puede usar información relacionada que se encuentra en otras partes del examen. Si no puede eliminar ninguna de las respuestas posibles, es mejor que salte la pregunta, continúe con otra y regrese a ésta más tarde. Si usted todavía sigue teniendo el mismo problema de eliminación más tarde, adivine sus respuestas y continúe tomando el exámen.

Si usted es penalizado por contestar incorrectamente

Antes del examen, usted debe de saber si hay algún castigo por escribir respuestas incorrectas. Si no está seguro, pregúntele al procurador antes de que comience el exámen. Algunos exámenes estandarizados se evalúan de una manera tal que por cada respuesta incorrecta, se reduce el puntaje por un cuarto o la mitad de un punto. Cualquiera que sea la penalidad, si usted puede eliminar un número suficiente de opciones, para así lograr reducir la posibilidad de ser penalizado por contestar incorrectamente, elimine las más que pueda.

Imagínese que usted está tomando un examen en el cual cada pregunta tiene cuatro opciones y usted será penalizado por un cuarto de punto por cada respuesta incorrecta. Si no puede eliminar ninguna de las preguntas, es mejor que deje la respuesta sin contestar, ya que la posibilidad de responder correctamente es una de cada cuatro. Hace que la penalidad y la posibilidad sean iguales. De todos modos, si usted puede eliminar una de las respuestas posibles, la probabilidad está ahora en su favor. Usted tiene la opción de uno en tres de responder a la pregunta correctamente. Afortunadamente, muy pocos exámenes se evalúan según este sistema tan elaborado; pero si su examen es uno de ellos, esté al tanto de las penalidades y calcule sus opciones antes de adivinar una pregunta.

Si usted termina temprano

Use cualquier tiempo que le quede al final del examen o al final de una sección para revisar su trabajo. Primero, asegúrese de que ha puesto las respuestas en el lugar apropiado y mientras hace esto también asegúrese de que ha contestado cada pregunta una sola vez. Muchos exámenes estandardizados se evalúan de una manera en que las preguntas con más de dos respuestas son marcadas como incorrectas. Si usted ha borrado una respuesta, asegúrese de que lo ha hecho bien. Trate de evitar marcas o borrones que puedan interferir con la evaluación del mismo.

Después de haber revisado estos errores posibles, revise una vez más las preguntas más difíciles. Si bien quizás usted haya oído la creencia popular de que es mejor no cambiar una pregunta, no tome este consejo en serio. Si tiene una buena razón para creer que una respuesta es incorrecta, cámbiela.

▶ Después del examen

Una vez que haya terminado, felicítese a sí mismo. Usted ha trabajado bastante para prepararse. Ahora es hora de relajarse y entretenerse. ¿Recuerda aquella celebración que planeó antes del examen? Ahora es hora de celebrar.

¡BUENA SUERTE!

NOTES

NOTES

NOTES

NOTES

NOTES

NOTES

NOTES

NOTES

NOTES